内容提要

本书主要介绍了汽车气动—声学风洞的构成以及整车测量所需的测试技术。全书从工程应用实际出发，将内容分为汽车风洞绪论、汽车气动性能测试、汽车风噪性能测试、汽车风洞修正和汽车风洞对标五部分。其中第 1 章主要介绍了汽车风洞的作用、分类、构成、性能指标以及国内外的先进汽车风洞；第 2 章主要介绍了汽车风洞的天平移动带系统、移动测量系统，对汽车的气动载荷测量需要做什么准备、测试的方法以及流程，常规的流场试验有哪些测试技术作了详细介绍；第 3 章主要介绍了汽车风噪声的分类，风洞内进行噪声测量的设备和测量方法，针对车内噪声给出了噪声性能评价指标；第 4 章主要介绍了汽车风洞测量修正技术的发展，数据修正的意义，并介绍了修正技术应用于汽车风洞的实例；第 5 章主要介绍了不同汽车风洞对同一辆汽车的测量结果应如何进行对标，介绍了对标的方法，分析了正投影面积和五带系统对对标结果的影响。

本书注重实用性，配有大量具有代表性的图像实例，这些图像均来源于工程实际，不仅可以加强读者对内容的理解，还能作为实际工作的参考。

本书可作为汽车风洞测试人员的技术参考书，也可作为汽车爱好者科普类丛书，还可以作为汽车主机厂或者相关行业的培训或辅导教材。

图书在版编目(CIP)数据

汽车风洞测试技术/朱习加等著
.--重庆：重庆大学出版社,2022.3
(自主品牌汽车实践创新丛书)
ISBN 978-7-5689-3190-8

Ⅰ.①汽…　Ⅱ.①朱…　Ⅲ.①汽车试
验—风洞试验　Ⅳ.①U467.4
中国版本图书馆 CIP 数据核字(2022)第 048714 号

汽车风洞测试技术
QICHE FENGDONG CESHI JISHU
朱习加　等 著
策划编辑:杨粮菊　张慧梓
责任编辑:陈　力　版式设计:杨粮菊
责任校对:谢　芳　责任印制:张　策
*
重庆大学出版社出版发行
出版人:饶帮华
社址:重庆市沙坪坝区大学城西路 21 号
邮编:401331
电话:(023)88617190　88617185(中小学)
传真:(023)88617186　88617166
网址:http://www.cqup.com.cn
邮箱:fxk@cqup.com.cn(营销中心)
全国新华书店经销
重庆升光电力印务有限公司印刷
*
开本:787mm×1092mm　1/16　印张:8.5　字数:154 千
2022 年 3 月第 1 版　2022 年 3 月第 1 次印刷
ISBN 978-7-5689-3190-8　定价:69.00 元

自主品牌汽车创新实践丛书

编委会

总　序

　　汽车产业是各国科技、经济的"主战场"。汽车产业是国家和区域经济发展中的支柱产业，具有科技含量高、经济产值大、产业链长、影响面广等诸多特征。特别是当今，随着信息技术、人工智能、新材料等高科技的广泛运用，电动化、智能化、网联化、共享化等"新四化"已成为全球汽车产业发展大趋势。当今的汽车产品也已经超出了交通工具的范畴，成为智能移动空间，是智能交通和智慧城市的重要组成部分，在国民经济与社会发展中扮演着更加重要的角色。汽车产业也是各国科技、经济的"主战场"，不仅是未来人们消费的热点，也是供给侧改革的重点。十九大报告指出，"深化供给侧结构性改革……把提高供给体系质量作为主攻方向"。作为 GDP 总量世界第二的中国，在汽车领域不可缺席，中国自主品牌汽车企业必须参与到全球竞争中去，在竞争中不断崛起和创新发展。

　　自主品牌汽车的发展是加快建设创新型国家、实施"创新驱动"国家战略的一个重要方面。十九大报告提出"加快建设创新型国家"，"建立以企业为主体、市场为导向、产学研深度融合的技术创新体系"。2016 年 5 月，中共中央、国务院发布的《国家创新驱动发展战略纲要》指出，推动产业技术体系创新、创造发展新优势，强化原始创新、增强源头供给，优化区域创新布局、打造区域经济增长极，从而明确企业、科研院所、高校、社会组织等各类创新主体功能定位，构建开放、高效的创新网络。发展新能源汽车是我国从汽车大国迈向汽车强国的必由之路，是应对气候变化、推动绿色发展的战略举措。2012 年国务院发布《节能与新能源汽车产业发展规划（2012—2020 年）》。为深入贯彻落实党中央、国务院重要部署，顺应新一轮科技革命和产业变革趋势，抓住产业智能化发展战略机遇，加快推进智能汽车创新发展，国家发改委 2020 年 2 月发布的《智能汽车创新发展战略》请各省、自治区、直辖市、计划单列市结合实际制定促进智能汽车创新发展的政策措施，着力推动各项战略任务有效落实。可见，我国汽车产业的发展，尤其是自主品牌企业的发展是加快建设创新型国家、实现中国制造向中国创造转型的重要一环。

　　重庆自主品牌汽车协同创新中心由重庆大学牵头，联合重庆长安汽车股份有限

前　言

近年来随着汽车风洞的兴建,使用汽车空气动力学—声学风洞进行整车气动阻力和风噪的开发逐渐在中国汽车行业广泛开展,自主和合资品牌车企在这方面投入的人力、物力也迅速增加。为方便汽车空气动力学—声学开发工程师和整车性能试验工程师了解风洞的基本结构、性能参数并帮助他们更全面和有效地使用风洞的功能,中国汽车工程研究院股份有限公司风洞中心邀请吉利汽车研究总院的魏伟共同编写了这本聚焦工程应用的参考书。

全书分为 5 章。第 1 章由何显中、鲍欢欢和黄滔编写;第 2 章由王庆洋和朱习加编写;第 3 章由魏伟和杨超编写;第 4 章由陈军和补涵编写;第 5 章由补涵和王庆洋编写。全书的大纲由朱习加和鲍欢欢共同拟订,审校和调整工作由何显中、贺晓娜以及清华大学的徐胜金和刘锦生完成。

汽车环境风洞的内容将在后续版本中陆续增加。

最后,感谢全体编写人员的辛勤付出,感谢中国汽车工程研究院股份有限公司风洞中心领导王勇、徐磊对工作的大力支持! 同时也感谢重庆大学出版社张慧梓、杨粮菊在本书编写过程中给予的支持和帮助! 希望本书的出版能为中国汽车工业的发展贡献绵薄之力!

著　者

2020 年 10 月

目　录

第 1 章　绪　论

（何显中　鲍欢欢　黄　滔）

　　风洞是能人工产生和控制气流,并可量度气流对物体的作用以及观察物理现象的一种管道状试验设备,是用以模拟物体周围气体流动的设备,主要由洞体、驱动系统和测量控制系统组成,是进行空气动力试验常用且有效的工具。它不仅在航空航天工程的研究和发展中起着重要作用,随着工业空气动力学的发展,其在交通运输、房屋建筑、风能利用和环境保护等领域也得到了越来越广泛的应用。应用于汽车领域的风洞称为汽车风洞。

　　汽车空气动力学是一门经验科学,其大量重要的结论都来自对试验数据的分析和处理。汽车空气动力学试验包括风洞试验和道路试验,由于在道路试验中,汽车易受各种因素的干扰,要得到准确的试验数据较难,因而道路试验只是汽车空气动力学试验研究的一个辅助手段。而风洞试验由于条件可控,且重复性好,是目前汽车空气动力学研究依赖的重要手段。

1.1　汽车风洞的作用

　　汽车风洞试验的目的在于得到准确反映汽车行驶状态时的空气动力特性数据,主要研究下述 4 个方面的问题。

　　①研究汽车空气动力特性,即汽车的气动阻力特性和操纵稳定性等。

　　②研究汽车各部位的流场特性,如雨水流动的路径、污垢附着的作用原理、风噪、车身覆盖件的颤振、风窗玻璃上的作用力及刮水器上浮等。

　　③发动机冷却气流的进气和排气特性。

④驾驶室内的通风、取暖及噪声特性等。

1.2　汽车风洞的分类和构造

1.2.1　汽车风洞的分类

1) 按试验模型尺寸大小分类

按试验模型尺寸大小可分为全尺寸风洞和模型风洞。试验模型(1∶1)或真车的风洞称为"全尺寸风洞",试验缩比模型或零部件的较小尺寸的风洞称为"模型风洞"。日本和俄罗斯多采用1∶5比例的模型;欧美国家多采用1∶3或1∶4比例的模型。目前,全世界有30多座可用于全尺寸汽车试验的风洞。

2) 按风洞功能不同分类

按风洞功能不同可分为声学风洞、环境风洞、气动力风洞。声学风洞在建造过程中采用了多种降噪措施,背景噪声极低,可以分离并测量出汽车行驶时产生的气动噪声;环境风洞可模拟气流温度、湿度、阳光强弱和其他气候条件(雨、雪等)。声学风洞和环境风洞统称为特种风洞。其余一般风洞都是气动力风洞。

近年来,新建的汽车风洞都是气动—声学风洞或气动—环境风洞,气动—声学—环境风洞这类风洞又称为多用途风洞。

1.2.2　汽车风洞的基本结构形式

汽车风洞的基本结构形式有4种:直流闭式、直流开式、回流闭式、回流开式,如图1.1所示。

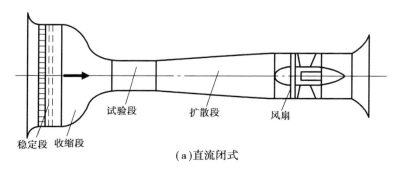

稳定段　收缩段　　　试验段　　　　扩散段　　　　风扇

(a)直流闭式

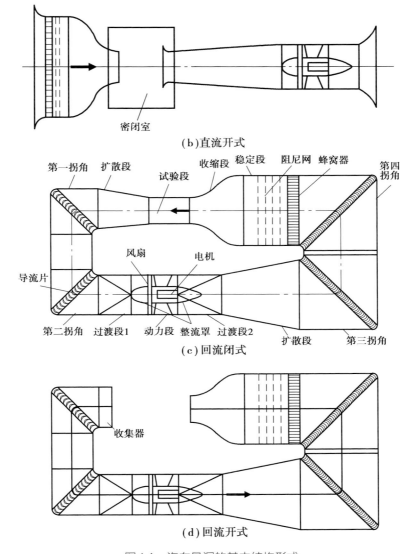

图 1.1 汽车风洞的基本结构形式

此外,将开式风洞建在大型建筑物内,可隔离室外的影响,兼具开式与闭式风洞的优点,此种风洞被称为"回流半开式风洞"。例如,中国汽车工程研究院股份有限公司(CAERI)的汽车风洞,如图1.2所示。

图 1.5　CAERI 汽车风洞测控间

3) 扩散段

扩散段的作用是通过风道横截面积的增加,降低风洞中气流的速度,从而降低能量损失。扩散段管道的横截面积通常采取逐渐增大的方法,从而将试验段出口处的动能最有效地转变成压力能。扩散段应有适当的长度,扩散角一般不超过 5°～6°。图 1.6 所示为 CAERI 汽车风洞主扩散段。

图 1.6　CAERI 汽车风洞主扩散段

4) 动力段

动力段一般由电机、风扇、整流罩、等流计、止旋片等构成。其作用是不断为风洞中的气流补充能量,以保证气流以一定的速度恒稳地在风洞中流动。图 1.7 所示为 CAERI 汽车风洞动力段电机。

图 1.7　CAERI 汽车风洞动力段电机

5) 稳定段

稳定段的作用主要是消除旋涡和稳定气流状态。在稳定段中通常装置有阻尼网(图 1.8)和蜂窝器(图 1.9)。阻尼网一般由金属丝制成,用以将气流旋涡转换成大量的、能迅速衰减的小旋涡。蜂窝器一般由一定宽度的金属薄片制成,用以消除气流的低频脉动。蜂窝器和阻尼网组合在一起可以消除空间的不均匀性。

图 1.8　阻尼网

在回流式风洞的 4 个拐角处通常装有导流片(图 1.10),其作用是加强气流拐角处的导向,改善气流品质并减弱此处的气流湍流度。

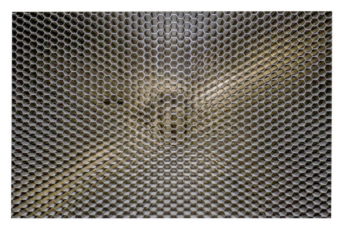

图 1.9　蜂窝器

图 1.10　导流片

1.3　汽车风洞指标的要求

汽车风洞主要包括以下 5 个重要特性参数：

①风洞试验段的流场品质。

②风洞试验段的几何尺寸。

③风洞试验段的阻塞比。

④风洞试验段的最大气流速度。

⑤风洞性能系数。其定义为:流过试验段横截面的空气质量的动能与消耗的电机功率之比。

为了获得准确可靠的试验结果,汽车风洞试验应满足以下技术要求。

1.3.1　汽车风洞的性能参数

流场品质是评价一个风洞的重要指标,它主要包括风速大小的均匀性、风速方向的均匀性、湍流度、静压梯度以及附面层厚度等。

风速大小和方向的均匀性都希望控制在5%以内。汽车风洞应能产生足够均匀的流场,包括均匀的风速分布、流向分布、低湍流度以及模拟路面上的薄边界层厚度。

1.3.2　模型风洞试验相似准则

进行模型风洞试验时所要遵循的相似准则主要包括几何相似、运动相似、动力相似、热力学相似、质量相似5个方面。

1) 几何相似
几何相似要求缩小的汽车模型与实车的几何形状、外廓尺寸相似,有时还需要对各种附件、汽车底部结构、汽车内部结构做部分或完全模拟。严格来说,模型表面粗糙度也应相似。但在大多数试验中,只要按比例做到形状、外廓尺寸相似就足够了。

2) 运动相似
运动相似要求汽车模型在风洞中与气流的相对运动以及相对方位完全相似。在目前模型风洞中,通过气流相对静止、模型运动来模拟汽车在无风情况下的运动;通过地板上的转盘使汽车模型转动一个角度来模拟汽车纵向对称面与来流存在一横摆角的相对运动。

3) 动力相似
动力相似准则一般可用斯特劳尔数(Strouhal)、湍流度、马赫数和雷诺数来衡量。

4) 热力学相似
热力学相似准则一般用普朗特数、比热比、格拉晓夫数来衡量,常规汽车空气动力学试验一般不要求热力学相似。

5）质量相似

如果做震颤或气动噪声试验，还要求模型的质量分布和弹性分布与实车相似。质量相似包括流场之间的质量相似和汽车模型与实车的质量相似关系。模型与实车的质量相似一般很难实现，解决这一问题的最好方法是实车风洞。

1.3.3　地面效应模拟

汽车风洞试验对模拟地面的气流边界层厚度有较高的要求，这也是汽车风洞与航空风洞的最大区别。汽车风洞边界位移厚度不应超过汽车模型离地间隙的 $1\% \sim 8.5\%$，否则将影响试验结果。地面模拟效应一般有以下几种方法：固定地板法、吸吹固定地板法、移动地板法、镜像法、固定地板与半镜像、人字形条法。

汽车风洞最常见的是移动地板法，该方法可以有效控制地面边界层的发展。移动地板法主要有五带式、单带式和窄带式，它们各自的特点如下所述。

①五带式移动地板法。五带式移动地板法广泛应用在国内外先进的全尺寸汽车风洞中，它由一条中央移动带和 4 条小移动带组成，中央移动带居于车身底部，4条小移动带居于车轮底部。CAERI 汽车风洞试验段使用了此种形式，如图 1.11 所示。

图 1.11　CAERI 汽车风洞五带式地面效应模拟系统

②单带式移动地板法。单带式移动地板法的移动带宽度大于模型车宽，多用于缩比模型和赛车等对车身底部流场要求较高车型的试验，单带式移动地板法的支撑和天平的布置较为复杂。在试验时，车轮和移动带之间有一定的间隙，宝马索伯车

队 F1 风洞试验段使用了此种形式,如图 1.12 所示。

图 1.12　宝马索伯车队 F1 风洞单带式地面效应模拟系统

③窄带式移动地板法。窄带式移动地板法在全尺寸风洞和模型风洞中都有应用,形式比较简单,易于布置支撑,多用于商用车试验。它不能完整地模拟汽车底部和地面之间的相对运动,牺牲了对车身底部周围流场的模拟,德国奥迪汽车风洞和意大利宾夕法尼亚风洞采用了窄带式地面效应模拟系统。

1.4　世界先进汽车风洞

1.4.1　国外先进汽车风洞

1) FKFS 气动—声学风洞

德国斯图加特内燃机与车辆研究所(FKFS)是一家专注于汽车技术的研究机构,其在风洞测试和研发领域都处于世界前沿水平,不断引领着汽车风洞技术的革新。其建设的空气动力学—声学风洞处于世界领先水平。FKFS 新建全尺寸风洞的喷口尺寸(宽×高)为 5.8 m×3.87 m,测试段长度为 9.95 m,最大风速可达 250 km/h,测试段在风速为 150 km/h 时,背景噪声为 71 dB(A),建有侧风发生器(FKFS swing),可以模拟真实来流的阵风和侧风,对车的流动偏离角度可达 10°,如图1.13所示。

（a）试验段

（b）侧风发生器

图 1.13　FKFS 气动—声学风洞

2）宝马汽车公司空气动力学测试中心

宝马汽车公司空气动力学测试中心位于德国慕尼黑附近,于 2009 年 6 月建成,如图 1.14 所示。该测试中心拥有一座用于全尺寸车辆测试的风洞和一座模型风洞,全尺寸风洞的喷口面积可调节为 25 m^2 和 18 m^2,风速分别能达到 250 km/h 和 300 km/h,驻室尺寸（长×宽×高）为 20 m×11 m×15 m。模型风洞的喷口面积为 14 m^2,风速可达到 300 km/h,也可通过控制系统让车辆模型在移动带系统上沿各个方向移动,从而实现在各种情况下分析车辆的气流条件。

（a）风洞全貌图

（b）全尺寸风洞试验段

图 1.14　宝马汽车公司空气动力学测试中心

3）戴姆勒—奔驰汽车公司新风洞

戴姆勒—奔驰全新气动—声学风洞位于德国辛德尔芬根,于 2013 年 12 月正式投入运行。整个气动—声学风洞长 90 m、宽 47 m,两个单独的控制室分别用于空气动力学测量和声学测量,可满足试验段 265 km/h 的风速要求,路面模拟系统移动带最大速度可达 265 km/h。风洞中安装有 360 通道的麦克风阵列系统,包含 3 个独立的麦克风阵列,两侧各 100 通道,顶面 160 通道。其气动—声学风洞安装有五带路面模拟系统、边界层抽吸系统、汽车专用天平、移动测量系统等先进设备,该风洞如图 1.15 所示。

图 1.15　戴姆勒—奔驰公司实车风洞

4)奥迪风洞中心

奥迪风洞中心是全球现代化的风洞中心之一,位于德国英戈尔斯塔特。该中心的风洞能够满足奥迪车型的所有测试需求,其气动—声学风洞如图 1.16 所示。

图 1.16　奥迪风洞中心气动—声学风洞

奥迪的气动—声学风洞最高风速可达 300 km/h,测试段长 9.5 m,气动—声学风洞中的风扇输出功率最高可达 2.6 MW。加速后的空气沿带有 4 个拐角的管状区域流动,以防出现气流紊乱和背景噪声。在进入测试区之前,气流将通过 3 部网筛和 1 部管口,至此,气流已在很大程度上减小了紊乱风险,能够保持持续流动和统一方向。

5)通用汽车公司全尺寸风洞

通用汽车公司全尺寸风洞是世界上最大的汽车风洞,位于美国密歇根州的沃伦,是典型的回流式风洞,如图 1.17 所示。试验段为闭式,试验段尺寸(长×宽×高)为 21.7 m×10.4 m×5.5 m,测试区最大气流速度达 222 km/h。由于试验段的横截面面积为汽车平均迎风面积的 24 倍之多,故阻塞效应很小,并可做大角度横摆角侧风试验。此外,由于试验段大,可同时放几个缩比模型以模拟队列或超车行驶工况。该风洞有两套天平,一套用于全尺寸模型的汽车空气动力试验,另一套用于缩比模型的试验。

(a)风洞试验段   (b)风洞动力段

图 1.17 通用汽车公司全尺寸风洞

6)宝马索伯车队赛车风洞

宝马索伯车队赛车风洞位于瑞士西威尔,于 2004 年投入运行,如图 1.18 所示。风洞风扇的最大马力达到了 3 000 kW,叶片能带出高达 300 km/h 的风,完全达到了暴风的条件。为了更好地模拟侧滑,整个风洞平台可以达到 10°旋转,可以提供赛车在实际操作中遇到的任何状况,更好地模拟赛车的协调性。

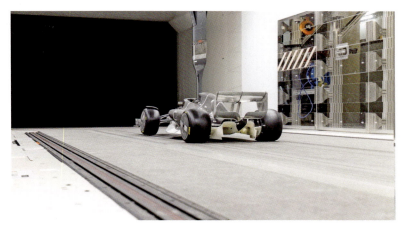

图 1.18 宝马索伯车队赛车风洞

1.4.2 国内先进汽车风洞

1）上海地面交通工具风洞中心

上海地面交通工具风洞中心（SAWTC）位于同济大学嘉定校区，其气动—声学整车风洞于 2009 年建成，喷口尺寸（宽×高）为 6.5 m×4.25 m，驻室尺寸（长×宽×高）为 22 m×17 m×12 m，开口试验段长度为 15 m，最大风速可达 250 km/h，测试段在风速 160 km/h 时，背景噪声为61 dB，配有六分量天平和五带移动系统，同时配备了120 通道二维麦克风阵列，该风洞如图 1.19 所示。

（a）风扇

（b）试验段

图 1.19 SAWTC 气动—声学风洞

2) 中国汽车工程研究院股份有限公司风洞中心

中国汽车工程研究院股份有限公司风洞中心位于重庆市渝北区,2019 年 6 月建成了气动—声学整车风洞,如图 1.20 所示。风洞喷口尺寸(宽×高)为 7 m×4 m,驻室尺寸(长×宽×高)为 22.75 m×18 m×13 m,开口试验段长度为 18 m,测试段温度可保持在(25±1)℃,最大风速可达 250 km/h,测试段在风速 140 km/h 时,背景噪声为 57.6 dB,配有六分量天平和五带移动系统,拥有国内首套三维麦克风阵列(168 通道×3),是目前世界上先进的风噪测量设备,还配备国内首台三维移动测量系统,可实现风洞驻室有效空间内任何一点的流场和声学测量。

（a）风扇　　　　　　　　　　（b）风洞试验段

图 1.20　CAERI 气动—声学风洞

3) 中国汽车技术研究中心有限公司风洞中心

中国汽车技术研究中心有限公司(CATARC)风洞中心位于天津市东丽区,其气动—声学风洞于 2020 年建成,是一座 3/4 开口试验段回流式风洞。风洞喷口尺寸(宽×高)为 6.7 m×4.3 m,驻室尺寸(长×宽×高)为 25.5 m×21 m×14 m,开口试验段长度为 16 m,测试段温度可在 23~25 ℃任意温度保持恒定,最大风速 250 km/h,测试段在风速150 km/h时,背景噪声为 59 dB,配备了高精度六分量天平及五带地面模拟系统、移动测量系统、三维麦克风阵列(192 通道×3)、动态变形测量系统等设备,该风洞如图1.21所示。

（a）风扇　　　　　　　　　　　　（b）试验段

图 1.21　CATARC 气动—声学风洞

参考文献

环境保护部 国家质量监督检验检疫总局.轻型汽车污染物排放限值及测量方法（中国第六阶段）：GB 18352.6—2016［S］.北京：中国环境科学出版社,2020.

第2章　汽车气动性能测试

（王庆洋　朱习加）

2.1　汽车气动性能测试概述

目前世界各地汽车耗油量总和达到了全球总耗油量的50%，地球60%的温室效应是汽车尾气造成的，降低汽车能耗成为当前刻不容缓的研究主题。当车辆行驶速度超过60 km/h时，空气阻力成为车辆行驶阻力的最大组成部分，极大地影响了车辆的能耗水平。研究表明，在全球轻型车辆排放试验规程（Worldwide harmonized Light vehicles Test Procedure，WLTP）规定驾驶循环中，车辆的风阻系数降低10%，能够提高约2.6%的燃油效率。从车辆设计早期的造型阶段入手，改善车辆的空气动力学性能，能够以较低的成本换来燃油效率的提高，从而降低车辆行驶的综合能耗。而通过汽车风洞试验来优化、提升车辆空气动力学性能是车辆开发过程中必不可少的一种方法。

汽车风洞的气动性能测试包含气动载荷测试和流场测试两大部分。气动载荷测试主要依靠汽车风洞天平来实现，流场测试则需要特殊的流体测试设备，本章主要从测试设备及应用、气动载荷测试和流场试验技术3个方面来介绍汽车风洞的气动性能测试技术。

2.2　测试设备及应用

2.2.1　正投影面积测量

1)测量的意义

汽车正投影面积 A 的测量是风阻系数 C_D 测试的重要环节,测试结果直接影响 C_D 值的准确性。C_D 值计算如下:

$$C_D = \frac{F_D}{\frac{1}{2}\rho U^2 A} \tag{2.1}$$

式中　F_D——空气阻力,N;

　　　ρ——空气密度,kg/m³;

　　　U——来流速度,m/s。

汽车风阻系数 C_D 值直接影响传统汽车的燃油经济性和新能源汽车的续航能力,是体现汽车气动性能优秀与否的重要指标之一。因此,为了准确获得 C_D 值,必须先对正投影面积 A 进行精确测量。目前发展比较成熟的几种测量正投影面积的方法有照相法、二维激光投射法和三维扫描法。照相法由于受到测试现场面积大、测试结果误差大等因素影响,目前在实际应用中较少,因此本章主要对二维激光投射法和三维扫描法进行介绍。

2)二维激光投射法

二维激光投射法是利用激光投射十字光斑,对测量车辆进行轮廓扫描,得到轮廓数据坐标点,再根据积分原理计算得到被测车辆的正投影面积。该方法要求配有激光头和光电检测系统,一座二维移动系统以及一块背景墙,如图 2.1 所示。该测量方法选取的坐标系与移测架坐标系一致,车宽方向为 x 轴,车高方向为 y 轴,如图 2.2 所示。在实际测量过程中,坐标为参考坐标系,原点可在车辆轮廓线上选取,并予以标识测量原点。

在测量开始前需要做下述准备。

①应在车辆正投影背景白板上的车辆轮廓上做出标记点,此点通过测量软件作为测量参考坐标系原点,如图 2.3 所示。

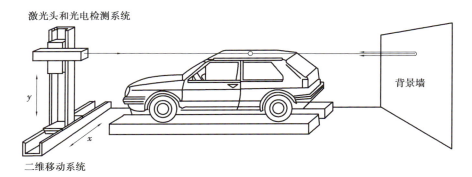

图 2.1 二维激光投射法测量系统

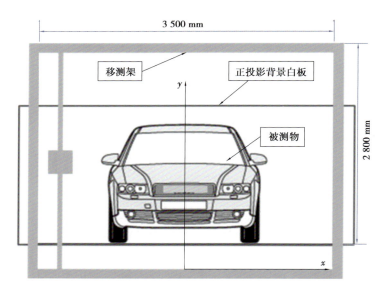

图 2.2 正投影测量坐标系示意图

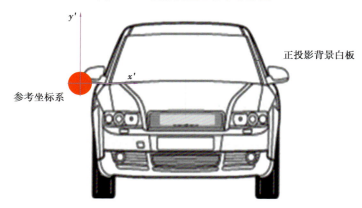

图 2.3 参考坐标系示意图

②车辆应保证对中,被测车辆车身中轴线应与正投影测量系统光源轴线平行,偏差应≤±1 mm。

测量时,光电检测系统持续分析被背景墙反射的光线强度,当激光接触到汽车轮廓时,可以自动记录汽车轮廓的位置坐标数据,然后对外围轮廓进行手动或自动追踪。在选取轮廓记录点时,应判断轮廓曲线的变化,在变化比较剧烈的区域,应多采集记录点,以提高测试数据的精度,在直线区域可适当减少记录点,以提高测量过程的效率,如图 2.4 所示。最后通过计算机软件处理,可将记录的数据拟合成一个封闭轮廓的图形,即汽车的正投影面轮廓,再计算出该图形面积,得到车辆的正投影面积。该方法测量速度快,准确度较高。其测量精度主要受激光移动系统的移动精度、激光品质、车辆是否摆正等因素影响。

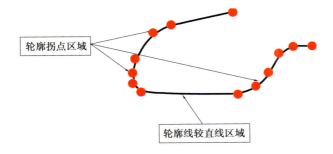

图 2.4　轮廓采样记录点疏密原则示意图

目前国外已有二维激光投射法的升级版,即将激光投射十字光斑改为准直激光束(光束直径 50~100 mm)。当准直激光束沿着汽车轮廓移动时,可以通过相机不停地拍照,记录下一系列的图像,再经过软件处理,即可获得整车的正投影面轮廓,从而得到车辆的正投影面积。该方法比激光投射十字光斑测量效率更高,人为引入的偶然误差更小,但造价昂贵。

3)三维扫描法

三维扫描法是利用三维激光扫描仪在特定的试验场地或测试房间内对待测车辆进行车身扫描,通过数据采集和处理软件,可得到待测车辆的三维外形轮廓,从而计算出车辆的正投影面积。

在测量前需要做下述准备。

①扫描前要确保三维扫描设备的精度,如有必要,需在试验前对设备进行校准。

②在实际测量过程中,要尽量确保环境温度的稳定。

③可以对车辆反光、透明等表面均匀喷涂显像剂,确保顺利扫描这些位置。如

有需要,可对车身表面贴上一定数量的目标靶点,该目标靶点用于手持式扫描设备的精准定位。

利用三维扫描设备,对测试车辆进行外轮廓扫描。若有缺失位置,可对缺失位置重复扫描,从而补齐数据,最终获得该车辆的完整数模数据。该方法可以得到车辆外造型的点云数据,使用逆向工程软件,便可得到车辆外造型的三维数字模型,并通过计算得出精度较高的正投影面积,如图 2.5 所示。该方法具有测量快速、结构简单、测量精度高等特点,可以准确捕捉车身表面及底盘上的孔洞。当前,三维扫描设备具有非常成熟的市场,稳定性较好,普遍应用于汽车外观造型的逆向工程,获得汽车的三维数模,不仅可用于正投影面积的计算,也可用于 CFD 仿真计算和麦克风声源定位测试等。

(a)整车扫描3D数字模型

(b)正投影面积的计算

图 2.5　整车 3D 扫描结果展示

CAERI 风洞中心采用的是全自动三维扫描法,如图 2.6 所示。在扫描房间内,共有 14 台全自动激光扫描仪,其中房屋顶部 4 台,房屋中间墙面 4 台,房屋地面 6

台,可在 20~30 min 内完成整车外表面三维扫描,自动生成点云数据,并输出正投影面积。

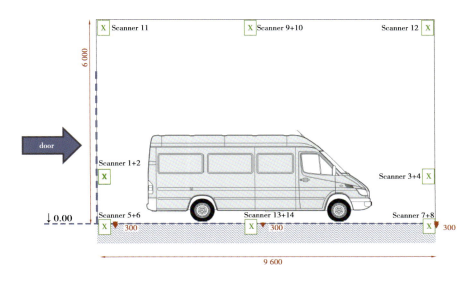

图 2.6　CAERI 三维扫描间示意图

2.2.2　天平转盘移动带系统

现代汽车风洞的气动阻力、升力和侧向力以及相应力矩的测试均是通过天平转盘移动带系统实现的。该系统大多集成了测力天平、边界层吹吸气控制装置和移动路面带,是一套可以模拟车辆行驶路面运动状态的高集成度测试系统。根据移动路面带的数量可将该系统分成 3 类,即单带系统、三带系统和五带系统。

1) 单带系统

单带系统只有一条移动路面带,车辆固定多采用尾部支撑、顶部支撑或悬臂支撑几种形式。尾部支撑和顶部支撑方式测力天平往往安装在车内(内置天平),悬臂支撑方式天平安装在车辆两侧(外置天平),如图 2.7 所示。

单带系统对车辆底部气流状态模拟精度高,但安装模型较为麻烦,且支撑结构影响车身周围流场,影响测试结果,目前大多应用于比例模型风洞,尤其是用于对车辆底部气流更关注的赛车测试。

(a) 顶部支撑固定模式（美国ARC Wind Tunnel）

(b) 悬臂支撑固定模式（美国Windshear Rolling Road Wind Tunnel）

图 2.7　单带风洞的车辆固定模式

2) 三带系统

　　三带系统配置包括一个长的中心带和两个边带,边带位于汽车左右两边车轮之下,可以较为真实地模拟路面移动效应。三带系统兼顾单带系统对车辆底部气流的精确模拟和五带系统车辆气动力测量的高精度优点。FKFS 的风洞可以实现三带系统和五带系统互换,是目前世界上先进的天平转盘移动带系统之一,如图 2.8 所示。

3) 五带系统

　　五带系统在天平转盘上集成了一条中央带和 4 个车轮驱动单元(Wheel Drive Unit,WDU)小带。对于五带系统,测试车辆容易固定,天平测力精度高,车辆离地高度方便调整,目前国际上主流汽车整车风洞使用的大多为五带系统,主要针对乘用车整车进行测试,如图 2.9 所示,展示了风洞天平的五带路面模拟系统和车辆固定

图 2.8　FKFS 的三带路面模拟系统

方式,可以看出,车辆通过 4 个裙边约束支撑杆(Rocker Panel Restraint,RPR)固定车辆,如图中蓝色框圈所框选支杆,4 个约束支撑杆均布在车辆两侧,起固定车辆和传递气动力的作用。

图 2.9　五带系统及其车辆固定方式

4)汽车风洞天平测力方式和用途

以五带系统天平为例,图 2.10 所示为典型的五带系统天平测力功能示意图(© MTS Systems Corporation),天平测力方式可分为下述 3 类。

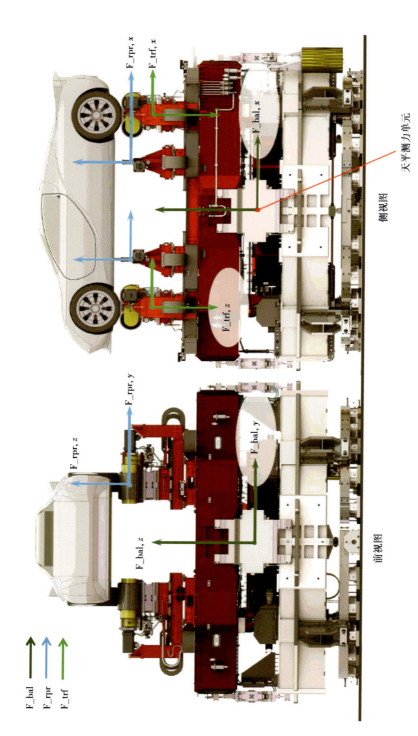

图2.10 五带系统天平测力功能示意图

①整车气动力和力矩测量,即 F_bal 的测量。可以通过六分量天平测力单元直接测量获得车辆的力和力矩。需要说明的是,天平测量得到的气动力的参考点位于天平转盘中心。

②动态力测量,即 F_rpr 的测量。通过安装在裙边约束支撑杆(RPR)上的三轴力传感器直接测量出车身的动态力,如图 2.11(a)所示,此三轴力传感器对于天平系统可以选配,具有较高的动态响应,即使应用于最大车辆质量时,响应频率仍超过 20 Hz。此功能适合研究车辆的瞬态气动响应,如涡脱力感知、瞬态侧风作用力等。

③拖动力测量,即 F_trf 的测量。安装在车轮驱动单元(WDU)上的拖动力传感器可以直接测量每个 WDU 与轮胎接触点上的拖动力,用于研究单个车轮和轮胎部件的气动损失,如图 2.11(b)所示,此传感器可以选配。其可以方便地测量出轮胎在旋转过程中,且在有来流叠加情况下的轮胎滚动阻力。

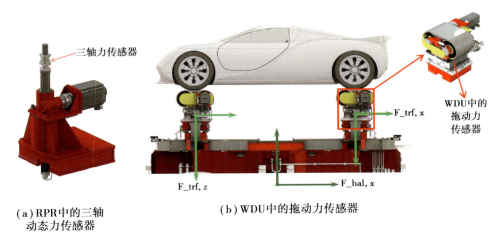

(a)RPR中的三轴　　　　(b)WDU中的拖动力传感器
动态力传感器

图 2.11　五带系统天平动态力和拖动力测量

2.2.3　移动测量系统

1)移动测量系统的功能

由于汽车周围流场是随时间变化的湍流场,具有强瞬态性,在汽车气动—声学风洞测试中,为了能够对汽车周围流场中的气动和声学相关物理量参数进行精确测量,需有一种设备将测量仪器精准移动到设定测试位置。三维移动测量系统正是能够满足这一需求的重要设备,该系统不仅可以进行三维移动,还能根据需要实现不同轴向的旋转运动,从而使测量仪器精确到达三维空间中指定的任何位置,如车辆后视镜背部、轮胎、车身底部以及车辆背部等区域,并且它还有着很高的定位精度。

2) 移动测量系统的结构组成及运行原理

移动测量系统安装有运动、旋转和延伸部件,使其不仅可以进行三维移动,还能根据需要实现不同轴向的旋转运动,移动测量系统的结构如图 2.12 所示。

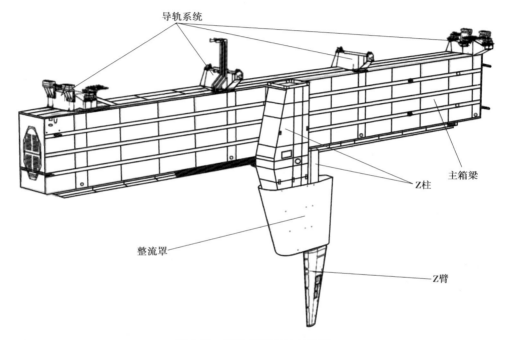

图 2.12　移动测量系统结构图

在系统运动中,其主箱梁通过导轨系统安装在驻室顶部的轨道上,可以实现移动测量系统的 y 向移动;主箱梁挂载的 Z 柱,通过与主箱梁的导轨连接实现移动测量系统的 x 向移动;整流罩和 Z 臂可通过自身的轨道系统实现 z 向移动,并且在 Z 臂上通过法兰连接各种探头支架,如固定探头支架或者旋转探头支架,如图 2.13 所示。通过上述机构,移动测量系统就可以在风洞内实现 3 个方向的移动和各个轴向的转动。

在机械臂上的探头架上安装麦克风传感器、叶轮风速仪、单丝热线探头、多丝热线探头、五孔探针或其他测量仪器等就可以进行各种测量。即使在测量设备重达 200 kg 时,移动测量系统也能实现高精度定位。

(a) 多轴旋转探头支架　　　(b) 单头旋转探头支架　　　(c) 通用探头支架

图 2.13　探头支架

　　图 2.14 给出了几种常见的气动测量探头,皮托管探头方向应与风向轴线平行,可测量气流静压和总压;五孔探针可测量气流的总压、静压、横摆角和俯仰角;边界层耙可测量流场边界层的剖面速度分布。

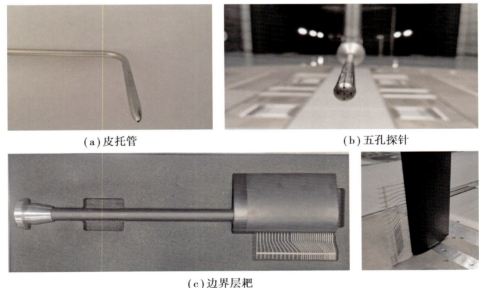

(a) 皮托管　　　　　　　　　　　　(b) 五孔探针

(c) 边界层耙

图 2.14　测试探头

　　对于移动测量系统,它具有以下特点:

　　①定位精度高,结构稳定性好。如 CAERI 汽车风洞的移动测量系统平移定位精度<0.3 mm,旋转定位精度<0.1°。

　　②仅尾部位于流场中,且为翼型造型,最低限度影响原有流场。

　　③设备内部预留数据通道,快速安装多种传感器(皮托管、五孔探针、边界层耙、

风速仪、声学照相机等）。

④执行批量指令,自动完成多个点的数据采集,以最快的速度完成测量。

3）移动测量系统的应用案例

①整车尾流测试。某款 SUV 尾流剖面测试,利用移动测量系统和五孔探针完成,测试位置距离车尾部 100 mm,测量场景及结果如图 2.15 所示。

（a）测试场景

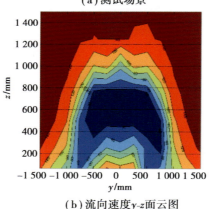

（b）流向速度*y*-*z*面云图

图 2.15　整车尾流测试

②车门静态变形量测试。在有风的情况下,车辆内外存在的压力差会导致车门变形,影响车辆的声学性能,因此需要使用车辆静态变形量测量系统对车辆静态变形量进行测试分析。该测试可以利用移动测量系统和安装在其上的激光扫描仪完成。

测试前,需要利用三维扫描法对待测车辆进行整车 3D 数模扫描,获取待测车辆的 3D 模型点云数据,然后需要对所关心的车门系统测试区域位置进行喷粉处理,喷粉的目的是在测试过程中提升扫描仪的扫描精度和扫描质量,以更精确地扫描到变形量结果。如图 2.16 所示,测试的主要位置为车身左右两侧车门系统位置 1 和位置 2 区域。

图 2.16　左侧车门系统测试区域位置

位置 2 在来流风速 120 km/h、横摆角 10°风速下,迎风侧面的静态变形量测试结果如图 2.17、图 2.18 所示。

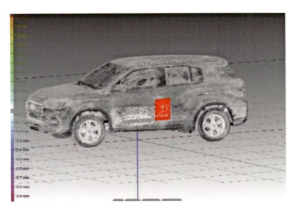

图 2.17　位置 2 迎风侧静态变形测试图($v = 120$ km/h, $\psi = 10°$)

从测试结果可以看出,在迎风侧时,车身左侧门位置 2 处的变形量均为负方向变形(即朝车内方向变形和偏移),且其最大变形偏移量为 -1.0 mm 左右,表示此时车门与车身间隙会变小,车门与车身之间的密封胶条处于压缩状态,可提升车门系统的动态密封性能。这个测试结果与理论和实际上车在迎风侧时车门会被风的作用力压得更紧从而向车内方向变形偏移是一致的。

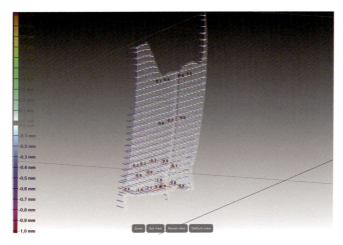

图 2.18　位置 2 迎风侧静态变形量测试结果

（$v = 120$ km/h，$\psi = 10°$）

2.3　气动载荷测试

2.3.1　前期准备

汽车风洞试验主要是测量实车或者模型车的时间平均力系数,动压和气动力的准确性和可重复性是保证测量结果准确的前提,力系数计算公式为:

$$C_F = \frac{F(t)}{q(t)A} \tag{2.2}$$

式中　F——气动力,N;

　　　q——动压,Pa;

　　　A——车辆正投影面积,m^2。

1) 试验段风速的测量

精准的风速大小是保证压力测量系统和力测量系统(天平)测量结果精确和具备可重复性的前提,且风速重复性误差应控制在 0.2%。可以在风洞试验段中通过监控动压来测量风速,但需注意动压管应远离模型,且避免与模型测压系统发生相互干扰。另外,需要注意汽车风洞中的边界层控制系统,例如吸气或吹气,也可能对动压测量产生影响,因此应对其进行校正。风洞中的空气密度会随温度、大气压力和湿度的变化而变化,不可忽略这些影响因素,需利用其对压力测量结果进行校正。

现代汽车风洞试验段风速的测量主要采用下述两种方法。

①利用稳定段和喷口之间的静压差计算风速,称为喷口法。

②利用稳定段和驻室之间的静压差计算风速,称为驻室法。

无论是喷口法还是驻室法,都需要进行喷口标定,确定喷口法系数和驻室法系数。喷口法是动压除以喷口压差,驻室法是动压除以驻室压差,确定喷口法系数和驻室法系数后,试验过程中便可通过喷口压差或驻室压差确定动压,从而确定风速。由于驻室法更为稳定,因此大部分汽车风洞确定试验段风速均采用驻室法。

2) 天平测量的要求

对车辆的 6 个力分量测量,天平必须满足以下要求:

①天平设备不应干扰测试物体附近的气流。

②测试段的流场对天平设备不应有影响。

③温度和试验风速变化不会对天平产生影响,如有条件,可在恒温条件下进行测量。

④测量模型在流场中不会出现摆动而使模型支撑系统或天平发生变形影响测量结果。

⑤天平应具备较高的灵敏度,测量系统的迟滞和摩擦必须控制在一定的范围内。

在试验段外部安装六分量天平是最常见的方式,但也有针对特定的测量需求使用内置天平。利用天平测量气动力时,应控制车辆的质量,并且在模型安装过程应防止用力过猛导致天平过载。

天平测量力系数的精度通常应满足 $C_D = \pm 0.001$,但精度较高的力系数测量系统可以达到 $C_D = \pm 0.000\,1$,其取决于所用测试模型的空气动力学的稳定性。

所有天平须定期进行适当校准,最好的方式是定期安排风洞测试,有利于仪器的保养。可以用单方向和多方向组合力对天平进行校准,性能满足要求的天平其绝对准确度应优于 0.1%。

转盘的角度控制精度也是影响横摆测试可重复性的关键因素,在汽车风洞中,转盘角度的准确度应达到 0.1°。

2.3.2　测试方法和程序

测试车辆安装在天平上,该天平通过数据采集系统与计算机系统连接,且天平通常安装在旋转转盘内,实现测量模型在不同横摆角下的气动力测量。一般天平可以实现升力、阻力、侧向力和力矩的同时测量,关于汽车风洞天平分类和测力原理请参见 2.2.2 节。

无论天平是安装在模型内部还是模型外部,其测量原理都是一样的。气流作用在模型表面上对模型产生相应的作用力,这些力通过安装支柱或车轮垫传递给测力天平:

①天平支撑整个车身,并持续称重,升力即重力的减小值,若出现负升力,则会增加相应的重力。

②阻力将车辆沿车身纵向推向下游,推力则将模型拉向上游。天平测量流动方向上的受力即模型表面的不平衡压力分布和表面摩擦而形成的阻力。

③天平上所受的侧向力即是由模型两侧压力的不平衡导致的。

④当升力作用点与前后轮轴距中心不重合时,则会产生俯仰力矩。

⑤当升力与左右轮距中心不重合时,则会形成附加的侧倾力矩。

⑥当侧向力不平衡时,则会产生横摆力矩。

测量的气动力可以用"风轴系"表示,其中阻力与测试段的纵轴 x 轴对齐。但绝大多数内置天平和外置天平跟随模型一起横摆旋转,故需要将这些受力由"体轴系"转换到"风轴系",这样就便于气动力系数的使用,其中在两种坐标体系的转换过程中,垂直方向的升力不受影响。定义体轴坐标系 $x_t\text{-}O\text{-}y_t$,风轴坐标系 $x_f\text{-}O\text{-}y_f$(图2.19),当车辆与来流的横摆角为 α 时,则风轴系气动力变换关系如下:

$$\begin{bmatrix} F_{xf} \\ F_{yf} \end{bmatrix} = \begin{bmatrix} \cos\alpha & -\sin\alpha \\ \sin\alpha & \cos\alpha \end{bmatrix} \begin{bmatrix} F_{xt} \\ F_{yt} \end{bmatrix} \tag{2.3}$$

式中　t——体轴系;

　　　f——风轴系。

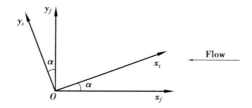

图 2.19　风轴系和体轴系的变换示意图

在使用天平测量模型所受气动力时,需要注意模型安装辅助件可能带来的附加气动力,如安装支柱、车轮垫等的气动力应该在最终的结果中扣除,当然还应评估这些配件对周围流场的影响。在实际操作中,应将车轮驱动单元设计得尽可能小,从而减小轮垫与地面之间产生的附加气动力,当前后轮垫所产生的附加气动力不均衡时,会影响阻力测量,左右不平衡时,会在一定程度上影响侧向力的测量。这些在做气动力测量修正时,都是需要考虑的因素。

气动力的测量一般按照下述顺序执行。

1) 准备

车辆安装在风洞试验段之前,应确定该车辆的正投影面积,测量轴距和轮距,并在车身上标记前后中心线和轴距中点。正投影面积作为无量纲过程使用的特征尺寸,见式(2.4),力系数 C_F 可以表示为:

$$C_F = \frac{F}{\frac{1}{2}\rho U^2 \times A} = \frac{F}{q \times A} \tag{2.4}$$

式中　　F——气动力,N;

ρ——来流空气密度,kg/m³;

U——来流速度,m/s;

q——动压,Pa;

A——车辆的正投影面积,m²。

轴距长度 WB 作为无量纲长度见式(2.5),力矩系数 C_M 可以表示为:

$$C_M = \frac{F}{q \times A \times WB} \tag{2.5}$$

车辆的正投影面积为从前部(或后部)直接观察整个车辆轮廓内的投影区域。其中车轮与车底之间的开放区域不应包含在总面积内,应包括后视镜和车顶架等投影区域,但不包括机架支撑杆与车顶之间的空隙。在对车辆进行空气动力学造型设计修改的过程中,为便于比较结果,在无量纲过程中使用的正投影面积应保持不变。

不同的风洞使用单位都有自己的测量正投影面积的方法,常用的测量车辆正投影面积的设备和方法可参见 2.2.1 节。正投影面积的数值对结果的影响很大,故该数值的准确性至关重要。因此,在测试报告中,应给出其测量方法和具体的测量结果。

在测试段安装车辆,应注意车身的离地高度和前后的俯仰角度准确,可以设定

图 2.20　手持式烟流试验场景

图 2.21　多排烟流试验场景

车辆底部是整车气动性能开发中重要的研究对象之一,经过气动设计的车辆底部护板、气坝、车轮阻风板、油箱护板、备胎池护板等可有效减少整车气动阻力,对降低燃油车的油耗或增加新能源车续航里程有着重要的意义。通常情况下,烟流试验受限于车辆底部空间狭窄,工程师大多只能观察到车辆上表面或侧面的气流流场。为了达到观察车辆底部流场的目的,先进的风洞通常在地板上设计一块玻璃观察盖板。在进行车辆底部烟流显示试验时,利用这块玻璃盖板和烟流发生器,试验工程师可从天平底部观察窗清晰地观察到车辆底部的烟流流动显示状态。通过直观了解车辆底部流动特征,为进一步提升气动性能提供空间。图 2.22 所示为从 CAERI 气动—声学风洞天平玻璃盖板观察车辆底部流场场景。

图 2.22　CAERI 风洞车辆底部流场显示场景

2.4.2　油流技术

油流技术是壁面示踪法的一种,一般是在物体表面涂上油膜或油点,用来显示流体在壁面边界层的流动状态。油流技术是风洞试验中广泛使用的一种表面流动显示技术,通过对油迹图像的观察,特别是通过拓扑分析,可以了解物体表面流场中的奇点(结点和鞍点)分布,确定分离线、再附线、漩涡等的位置,从而为合理解释试验数据或研究某些流动现象提供依据。与其他流动显示方法相比,油流技术成本低廉,操作简便,因而得到广泛应用。图 2.23 所示为某车型后视镜油流技术吹风试验前后油点及油迹,可以清晰地辨识出后视镜表面气动流动方向和速度大小(油迹线越长,速度越大)。

油流技术的关键在于配制合适的油迹涂料,其中,一般含有指示剂、载体、抗凝剂等。

①指示剂:应选用与试验物体表面颜色有较强烈对比度的粉末原料,通常选用黑色。为了突出显示效果,也有选取具有荧光效果的粉末作为指示剂,如图 2.24 所示,为在 UV 灯照射下的荧光油迹显示,高亮区域为指示剂堆积导致,代表着流动发生分离的位置。

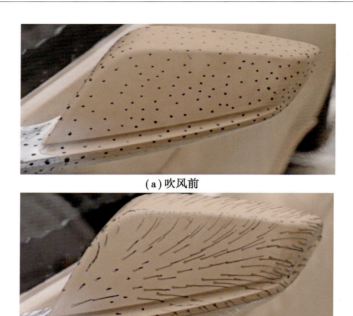

（a）吹风前

（b）吹风后

图 2.23　油流技术试验前后油点及油迹

流动分离线

图 2.24　某卡车比例模型荧光油迹流动显示

②载体：载体是能跟随气流流动的液体，通常选用各种油剂。要求附着力强、流动性好。由于油的黏性、比重、表面张力和惯性都对油迹图像质量有影响，因此油迹涂料选配时可多尝试用不同黏度的油剂作为载体。

③抗凝剂：用来阻止指示剂粉末结块。

油迹涂料用画笔或其他喷点装置涂到试验物体表面，油点应主要分布在分离区、附着区和其他流场关键区域。记录油迹图像可以采用常规的照相或录像方法，也可以使用胶带将油迹图像进行拓印。

2.4.3　粒子成像测速技术

粒子成像测速（PIV）技术是在 20 世纪 80 年代初出现并逐渐发展的一种非介入式全场光学测量技术，PIV 测速技术超越了传统单点测速的局限性，能实现全流谱的测量分析，近年来得到了快速发展，从测量空间来看，其主要分为二维 PIV 测速技术和三维 PIV 测速技术。PIV 测速技术是利用高速相机记录间隔时间很短的两张布满示踪粒子的图片，利用图像分析的方法解析得到捕捉区域的流场速度分布，PIV 测速技术测量原理如图 2.25 所示。

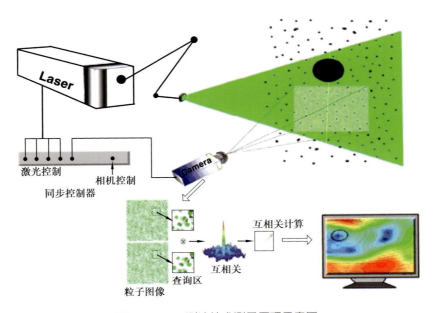

图 2.25　PIV 测速技术测量原理示意图

PIV 测速技术从其本质上看就是一种图像分析技术，在流场中散布跟随性和反光性良好的示踪粒子，激光片光照亮流场中特定的测量区域，流过此区域的示踪粒子被照亮，其反射光入射 CCD/CMOS 成像设备，粒子的分布以图片的形式被记录下来。对这个特定区域在较短的时间间隔内利用高速相机连续曝光记录两次，就能得到粒子在时间t和$t+\Delta t$的两幅图像,利用专业的图像分析处理技术对这两幅图像进行互相关分析,就能得到该区域流场内部的二维速度矢量场,其数学模型可简单描述如下:

$$v_x = \frac{\mathrm{d}x}{\mathrm{d}t} \approx \frac{\Delta x}{\Delta t} = \frac{x(t+\Delta t) - x(t)}{\Delta t}$$

$$v_y = \frac{\mathrm{d}y}{\mathrm{d}t} \approx \frac{\Delta y}{\Delta t} = \frac{y(t+\Delta t) - y(t)}{\Delta t} \tag{2.6}$$

式中　Δt——两幅图像曝光时间间隔,可视为已知量,s。

　　由于整车风洞视场范围较大,示踪粒子难于播撒、现场标定复杂以及示踪粒子对整车风洞的污染等因素,PIV 测试在整车风洞中应用不多,大多应用于小比例模型风洞中。汽车小比例模型的 PIV 风洞流场测量可采用图 2.26 所示的方案,光源和相机的布置可根据测试区域的不同进行调整。图 2.26 所示为激光从风洞顶部打入,相机置于风洞侧面(流场外),避免对流场造成干扰,其中粒子释放装置位于模型正后方,即试验段出口,粒子经风洞循环一圈后进入试验段,这种粒子释放方式可以保证粒子能在流场中混合均匀,大部分位于模型附近,也能避免在释放粒子的过程中对流场造成干扰(相比模型上游释放)。

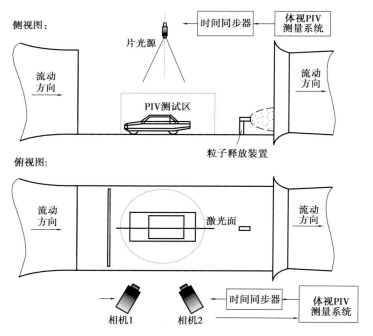

图 2.26　模型风洞 PIV 测量原理示意图

在整车风洞中使用 PIV 测速技术进行测试,为了节省 PIV 标定时间,大多使用集成化 PIV 系统,如图 2.27 所示,激光器和相机布置在一个"鱼雷体"内,该装置配合移动测量系统,可以迅速完成空间流场的 PIV 测量。

 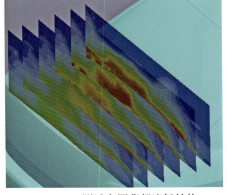

(a) 整车风洞 PIV 测试场景　　　　　　(b) PIV 测试车厢背部流场结构

图 2.27　FIAT 整车风洞 PIV 测试

2.4.4　表面压力测试技术

车身表面静压测量可以确定车身局部结构对气流的影响,评估车身各个区域对整体气动力的贡献,辅助判断流动分离,进一步指导造型优化,结果可用于与 CFD 计算模拟对标。

1) 测量设备

表面压力测试技术测量设备通常包含压力探头、连接管、压力传感器等。

①压力探头:由优质金属管制成。在缩比模型(1/4 或 3/8 等)的表面钻孔的孔管内径不应超过 0.4 mm,如图 2.28 所示。在全尺寸模型或实际车辆的车身表面钻孔的孔管内径应为 1.3 mm。但由于全尺寸模型或实车比较昂贵,表面打孔会破坏车辆表面,因此在实际测压时,采用在车身表面粘贴测压片来代替打孔的方式,测压片为一金属圆片,直径为 8~15 mm,厚度为 0.5~1 mm,其中心有一个导气孔,将静压引出,如图 2.29 所示。

②连接管:由柔性塑料管制成,其内径应等于或略小于压力探头的外径和压力传感器连接器的外径,同时也应保证管道的长度足够长,即使在最大横摆姿态下,也不会扯断连接管。

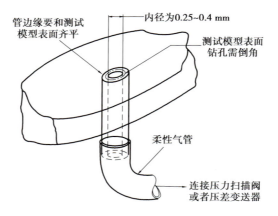

图 2.28　表面压力测量孔的安装细节

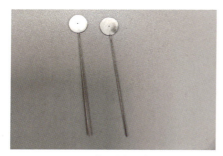

（a）表面测压片　　　　　　　　（b）表面测压片在车身表面的固定

图 2.29　车身表面测压片和车辆上的固定方法

③压力传感器：应使用具有足够灵敏度和良好重复性的压力传感器进行测量。如可以使用具有多端口的压力扫描阀或压差变送器进行测试。

要求压力探头和压力传感器接口与连接管之间的气道是密封不泄漏气体的。

2）准备工作

根据经验或现有的数据库数据，确定模型体表上每个压力测量点的位置，以获得有参考价值的数据，通常在压力急剧变化的角落或边缘附近的表面上测点应相对密集，而压力相对稳定的平坦表面可以适当稀疏一些，压力探头的末端必须平整光滑，并与车体表面齐平，且无毛刺，在试验段模型和测压孔位安装或测压片粘贴完毕后，应按照图 2.30 所示的方法检查连接管是否有泄漏或堵塞。

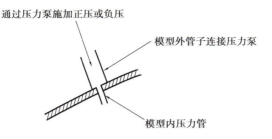

通过压力泵施加正压或负压

模型外管子连接压力泵

模型内压力管

图 2.30 检查设备是否泄漏或堵塞

3) 测量工作

在准备和检查完毕后,在试验风速下,将驻室流场外的静态压力 P_{ref} 作为参考压力,测量车体表面上的压力 P 和来流动压 q_{ref},计算静压系数 C_P 使用式(2.7):

$$C_P = \frac{P - P_{ref}}{q_{ref}} \qquad (2.7)$$

将 C_P 值绘制在对应风速的图上,如出现不合物理逻辑的跳点,应进行检查,并重复测量。实车测试状态如图 2.31 所示,静压系数结果如图 2.32 所示。可以发现在不同的测试速度下,车身表面中轴线上的静压系数值基本不随风速发生变化。

图 2.31 某轿车压力布点试验图

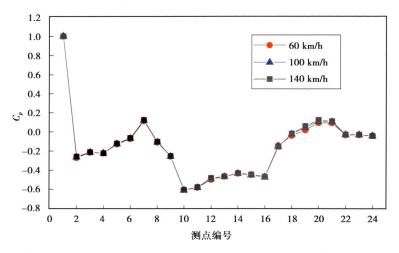

图 2.32　车辆测得的车身表面中轴线上静压系数曲线

2.4.5　其他流场测试技术

气动力和力矩与车身周围的流场特性密切相关。因此,用合适的测量设备定量测量这些流场流动特征,可以获得分析空气动力学特性的试验数据,为气动减阻设计提供更多的物理依据。

1)测量设备和方法

除流动结构的可视化测量设备外,对流场中的压力、速度、温度和湍流的测量还有许多其他测量设备,常用测试设备如下:

①压力管。如图 2.33 所示的 3 种压力管,皮托管除了可以用于流场中的总压和静压测量外,还可以计算出动压,进而得到速度值。

（a）总压管　　　　　　（b）静压管　　　　　　（c）皮托管

图 2.33　压力管

②风速计。图 2.34 所示为用于测量车辆周围流场中的速度分布的热线风速计,图中的单丝、双丝和三丝探头分别用于一维、二维和三维速度的测量。此外还可

以用皮托管或微型叶片式风速计来测量流速。

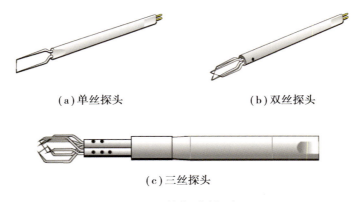

(a)单丝探头　　　　　　　(b)双丝探头

(c)三丝探头

图 2.34　热线测速探头

③温度计。测量车辆表面流场中的温度分布一般使用热电偶,如测量流场中的气流温度,则需要使用温度探头。

④其他设备。测量除了上面提到的传感器,压力测量还可以使用多孔探针等(用于测量局部流动角)。

2)传感器的准备

如上所述,定量测量流场有许多不同的测量设备和方法。一般需要根据测量目的和条件,确定最合适的测量设备和方法,选用的设备应在校准的有效使用期内。

最后,应根据测试目标、成本效益、时间效率等因素决定风洞试验过程中的测量顺序。

3)测量

当所有准备工作完成后,风洞运行到预定的风速。重新检查探头指示是否正确后再开始测量,以保证获得可靠的数据。在测量过程中如果出现特殊的数据分布趋势,可以用流场可视化结果辅助分析和理解。

参考文献

[1] PETER M. The WLTP: How a New Test Procedure for Cars Will Affect Fuel Consumption Values in the EU[J]. Journal of Nanoence & Nanotechnology, 2012, 12(5):4035-4043.

[2] 高岳、杨一春、李珍妮,等. 基于三维扫描系统测量汽车正投影面积的研究[C].重庆:2019 中国汽车工程学会汽车空气动力学分会学术年会,2019.

[3] WALTER J, et al. The Windshear Rolling Road Wind Tunnel[J]. SAE International Journal of

续保持贴着车身表面从车头流到车尾,在经过车身表面转角处或者面差较大的区域时,气流将沿着切线方向流动,脱离车身,在该区域产生压力变化和脱落现象,在车身表面形成涡流和其他不规则流动,从而产生风噪。如果在车身表面有突出物体对气流产生障碍,在该物体的下游区域会形成尾流,也会产生风噪。另外,随着车速的提高,因车内外的空气流速差而产生的压力差也越来越大,车内外的压力差也会在密封缺陷处形成从高压区向低压区流动的气流,产生泄漏风噪。

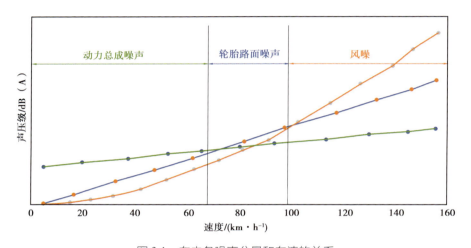

图 3.1　车内各噪声分量和车速的关系

　　风噪和车速有着密切的关系,车速越高,风噪越大。汽车的风噪性能优劣与汽车的造型及密封设计处理有密切的关系,一款车的风噪性能水平直接反映了该车的设计和制造工艺的水准。

3.1.2　汽车风噪的分类

1)按产生机理分类

　　根据风噪的产生机理,汽车风噪可分为湍流噪声、表面压力脉动噪声、空腔噪声、泄漏噪声和风振噪声。

　　①湍流噪声。湍流噪声是因气流与车身的相对流动,在车身表面不平整处气流方向发生改变,产生脱落现象,形成涡流和其他不规则流动而产生风噪。这类风噪通常频率范围较宽,频率与引起脱体的障碍物的几何尺寸和气流流速相关。如果气流在突起的物体后面脱体形成的涡流受到激励形成共振,则能产生特定频率的峰值,这种现象被称为卡门涡街现象,典型的例子是高速行驶车上条状天线产生的

哨音。

②表面压力脉动噪声。表面压力脉动噪声是因湍流作用在车身表面并在车身表面产生随机压力脉动,这些压力脉动激发车身板面振动向车内产生二次辐射的噪声,这类噪声频率通常较低。

③空腔噪声。空腔噪声是车外气流在车身表面分缝位置与分缝及分缝后面的空腔相互作用产生的车内气动噪声。这类风噪的频率通常与空腔结构有关,噪声的频率范围较宽,产生共振时也会出现特定频率的峰值。后背门上沿与车顶盖的分缝引起的风噪就是典型的空腔噪声。

④泄漏噪声。泄漏噪声又称为气吸噪声,是汽车在气流中由于车身密封有间隙而引起的车内气动噪声增量,包含间隙处气流发出的气动噪声和车外气动噪声通过间隙直接传至车内的两部分。车上常见的泄漏噪声有在内水切两端的缝隙处发出的"嘶嘶声"。

⑤风振噪声。风振噪声是行驶中的汽车在打开天窗或侧窗时,因车窗开口和车身形成一个共振结构而发出的低频轰鸣声。

2)按产生原因分类

根据风噪产生的原因,汽车风噪可分为两类:

①因汽车造型和外饰件的原因产生的风噪,这类风噪声源的位置通常分布在车的外表面,常见的与造型有关的风噪声源有雨刷、机舱盖与前风挡间的空腔、后视镜、天线、尾翼等。

②因汽车车身的密封缺陷及泄漏产生的风噪,这类风噪称为泄漏噪声,常见的由泄漏引起的风噪声源有玻璃导槽、车门密封条等。

3.2　风洞测试准备工作

3.2.1　利用气动—声学风洞提升风噪性能

在整车风噪性能开发过程中,发现、排查和解决风噪是保证汽车有优良风噪性能的至关重要的工作。由于对风噪的仿真计算及预测能力与实际应用还存在很大的差距,目前汽车风噪问题的排查和验证主要依靠试验手段。汽车的风噪测量方法主要有两种,即道路测试和风洞测试。道路测试受测试环境的影响较大,测试结果

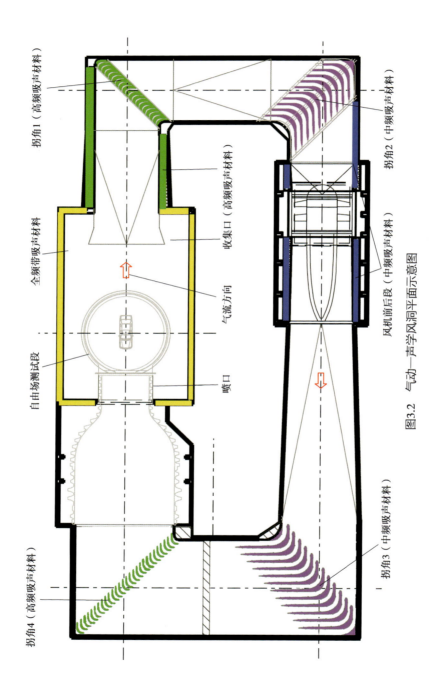

图3.2　气动—声学风洞平面示意图

重复性差。另外在道路测试时通常伴随发动机的动力源噪声和轮胎路面噪声,人们也无法把动力源噪声及轮胎路面噪声从测试结果中分离出来,风噪的道路测试结果精度会远低于风洞测试的结果。基于道路测试的风噪开发过程极大地限制了整车风噪性能水平的提升。要在现有基础上进一步提高风噪性能,就必须要利用声学风洞这个风噪开发利器。

全尺寸整车声学风洞就是专为汽车风噪开发量身定做的高精度、低噪声的风噪测试平台,图 3.2 所示为气动—声学风洞平面示意图。

在声学风洞里测试汽车风噪,待测车辆固定在风洞中间的天平测试台上,测试时高速气流由超大功率风机产生,高速气流经过多级消声通道,消除了风机设备等的运行噪声,最后通过整流和加速处理,在待测车辆的位置(天平测试段)产生和道路测试车速相同的风速,可以精确地模拟车辆在该车速下所受到的风激励。待测车辆在该激励下产生的风噪,可以在车内和车外精确测得。测试的风速范围可以从 30 km/h 至 250 km/h 精确可调,横摆角也可以通过风洞测试段的天平测试平台调整,在 -90° ~ 90° 的范围内调节,如图 3.3 所示,测试车辆横摆角分别为 0° 和 20°。风噪的测试设备也有多种选择。测试时车辆的动力源噪声和轮胎路面噪声都不存在,许多在道路测试时很难确定的哨音声源都可以在风洞里迅速得到测量。由于风洞测试时待测车辆是静止的,这也给排查发现车外的风噪声源提供了有利条件。利用布置在风洞测试区的车外麦克风阵列,可以快速准确地锁定车身外表面上的声源位置,帮助风噪工程师及时发现并解决问题。

在一款全新车型的整个风噪开发过程中,风噪工程师可以在各个阶段利用声学风洞对风噪性能进行预测评估。在策划阶段,可以根据风洞测试结果,制订新车的整车风噪性能目标值;在前期设计阶段,可以利用风洞对影响风噪的关键外造型和外饰件等进行风噪性能的比较和优化,甚至可以在样车制造前利用油泥模型对后视镜等部件进行风噪性能的优化工作;在设计验证阶段,风噪工程师可以利用风洞对不同阶段的样车的风噪问题进行快速准确的排查,对整改方案进行及时的验证和优化调整,这些结果将大大提高车身精度和模具的调试效率。风洞测试不受天气条件的影响,对确保项目的保质保量,按时量产起着无可替代的作用。可以毫不夸张地说,声学风洞是开发高性能低风噪汽车必不可少的手段。

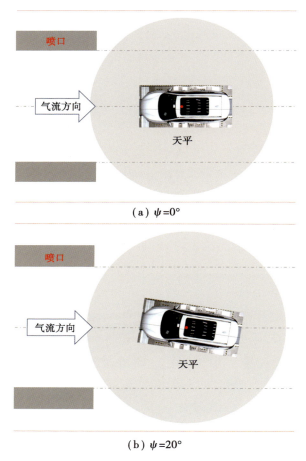

（a）$\psi=0°$

（b）$\psi=20°$

图 3.3　测试车辆横摆角示意图

3.2.2　风洞测试设备

在气动—声学风洞进行风噪测试时，风洞应设置为风噪测试模式。测试段喷口的地面边界层控制系统和五带式地面移动系统应关闭，将风洞设备引起的噪声降至最低。测试段环境温度应保持在（20±2）℃，相对湿度应保持在45%～75%RH，在测试过程中应对温度、湿度和大气压进行测量并记录。

风噪测试还需要以下一些基本声学仪器设备。如图 3.4 所示，车内风噪测试常用的仪器设备有：

①1/2″混响场麦克风（GRAS 46AQ 传声器或同等级别）。

②双耳测试人工头（Head Acoustics HMS 或同等级别）。

③数采前端（Head Acoustics 或 LMS 多通道前端同等级别）。

④球形麦克风阵列（Gfai Sphere48 球形阵列或同等级别）。

⑤电声式声校准器（B&K4231 或同等级别）。

（a）1/2″混响场麦克风　　　　　　（b）双耳测试人工头

（c）数采前端　　　　　　（d）球形麦克风阵列　　　　　　（e）电声式声校准器

图 3.4　车内风噪测试设备

如图 3.5 所示，车外风噪测试常用的仪器设备有：

①1/2″自由场麦克风（GRAS 46AE 或同等级别）。

②表面麦克风（GRAS 40LS 或同等级别）。

③车外麦克风阵列（定制麦克风阵列）。

④活塞式声校准器（GRAS 42AP 或同等级别）。

试验前，应先检查设备的有效检定期限。所有试验设备在启动预热稳定后方可进行标定，并在试验后重新标定并记录标定值和增益设置。如标定参数偏差超过 10%，应确定偏差原因并确定是否需要重新试验。

| (a) 1/2″自由场麦克风 | (b) 表面麦克风 |
| (c) 车外麦克风阵列 | (d) 活塞式声校准器 |

图 3.5　车外风噪测试设备

3.2.3　待测车辆的准备

由于风噪测试用的声学风洞是 3/4 开口回流式风洞,小颗粒的悬浮物、粉尘及漂浮物会在风洞里循环流动,对测试车辆和测试设备以及风洞墙面吸声材料造成冲刷损伤。因此在待测车辆进入风洞前需要对车身的结构、零部件及组装要求进行检查。待测车辆应符合设计要求,所有外饰件应完好无损,无松动物件,在风吹激励下不会产生异响噪声。车辆表面无伪装纸等覆盖,无胶带、扎带、保护膜、标签等附加物,车辆表面清洁,无污垢和灰尘,轮胎花纹内无碎石,待测车辆轮胎的压力为出厂设计的压力。

如果待测车辆是油泥模型或声学舱,除了需要注意清洁车体表面的残留油泥外,还要特别注意开闭件的强度和密封,清除机舱内及车底支架处残留的油泥碎屑,确保在测试时模型部件不会被风吹落损坏。

3.2.4　待测车辆的安装和设置

1）待测车辆的安装

待测车辆及风洞设备按风噪测试要求准备完毕后,即可将待测车辆安置在风洞试验段的测试转盘上。待测车辆的安装和车辆状态对风噪测试结果有重要影响,待测车辆应安装在试验段转盘的中心位置;待测车辆的纵向中垂面($y = 0$ mm)需与流场中垂面重合,可通过调整车身纵对称面与风洞中心对称面的夹角来实现,要求误差范围±0.1°,如图 3.6 所示。

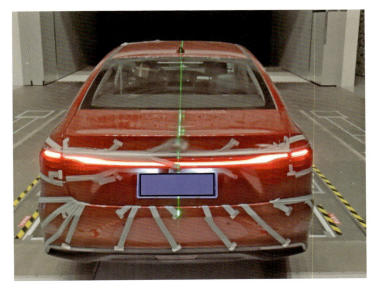

图 3.6　车辆对中示意图

由于风洞天平的固定支杆会产生额外噪声,因此待测车辆需要用驻车制动进行固定,对于没有驻车系统的模型车辆,在车轮前后用尖楔以防止车身滑动。天平的固定支杆会产生额外的声源,在风速 120 km/h,横摆角为 0°的状态下,天平固定支杆后部区域车外声源增加 1.5 dB(A),如图 3.7 所示。

同时在车内布置数字式人工头可以测试天平固定支杆对车内风噪测试结果的影响。如图 3.8 所示,在风速 120 km/h,横摆角为 0°的状态下,天平的固定支杆对于车内人工头的测试结果增加 0.22 dB(A)。

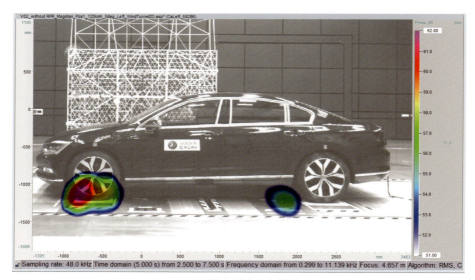

(a) 无天平固定支杆

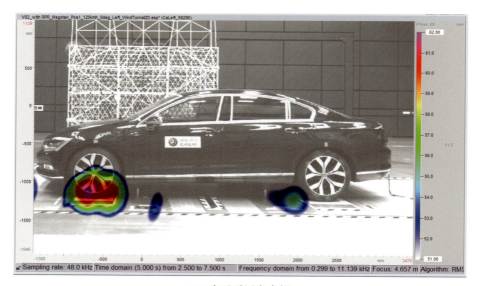

(b) 有天平固定支杆

图 3.7　天平固定支杆对车外噪声的影响

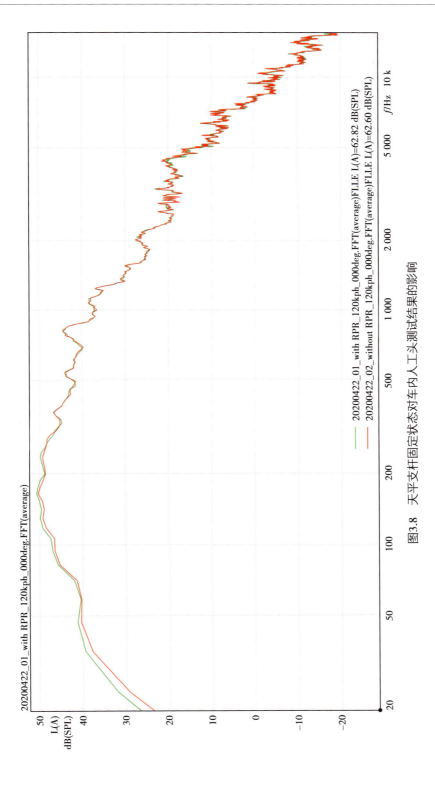

图3.8　天平支杆固定状态对车内人工头测试结果的影响

⑤用专业的噪声分析软件对测试数据进行分析,得到全密封情况下的车内风噪性能。

3.3.4　稳态风速下各风噪声源对车内风噪贡献量的测量

车内风噪测量的第三步是测量稳态风速下各风噪声源对车内风噪贡献量。这一工作是风噪开发工作中的关键,是发现风噪问题、验证解决方案的主要手段。测试各风噪声源对车内风噪的贡献量,常用方法有"窗口法""减包法"和"增包法"。"窗口法"是在整车全密封的情况下,通过去除小部分密封胶带,测试车内风噪,然后将这一工况下的车内风噪与全密封状态下的风噪比较,风噪的增量就可认为是被打开部位的泄漏噪声贡献量。"减包法"是在整车全密封的情况下,每次测量去除目标位置胶带密封,完成后不恢复胶带密封,直接进行下一个目标位置的贡献量测试,每个状态的基准状态是前一个状态,所得差值是这个部位的泄漏噪声贡献量。"增包法"是不对车辆进行密封处理,每次测量增加目标位置胶带密封,完成后不去除胶带密封,直接进行下一个目标位置测量,每个状态的基准状态是前一个状态,所得差值是这个部位的泄漏噪声贡献量。

下面的例子是用"窗口法"测试后视镜的风噪贡献量的方法:

①在全密封的工况测试结束后,停风的情况下,去除后视镜表面的密封胶带,测试后视镜表面各接缝和分缝对车内风噪的贡献量。

②启动风机,将风速调到测试风速(120 km/h)和横摆角(0°),当达到预定风速后采集数据(通常为 15 s)。

③数据采集完毕后,将后视镜重新用胶带密封,完成后视镜贡献量的测试。比较全密封和去除后视镜密封两种工况下车内的风噪测量数据,即可得到后视镜表面接缝和分缝对车内的风噪贡献量。

④用与上面相同的方法,也可以测试其他部件的风噪贡献量。

常规的测试风噪贡献量的部件/部位有:后视镜(接缝及底座)、前门分缝、B-柱门分缝、后门分缝、前窗玻璃周边密封、前风挡雨刷、后窗玻璃周边密封、后风挡玻璃周边密封、玻璃水切、前风挡玻璃周边密封、后背门上沿分缝、后背门侧沿分缝、后备箱盖周边密封、门把手、门槛密封条等,常见的测试流程见表 3.1。

表 3.1　常见部件对车内风噪贡献量"窗口法"测试工况表

序号	工况描述	风速/(km·h⁻¹)	横摆角/(°)
1	基础状态	100	0
		120	−10
		120	0
		120	10
		140	0
2	全密封	100	0
		120	−10
		120	0
		120	10
		140	0
3	基于序号2,拆除刮水器	120	−10
		120	0
		120	10
4	基于序号3,去除前风挡玻璃两侧密封	120	−10
		120	0
		120	10
5	基于序号4,去除前风挡玻璃上端密封	120	−10
		120	0
		120	10
6	基于序号3,去除前侧窗玻璃导槽密封	120	0
7	基于序号3,去除前侧窗水切密封	120	0
8	基于序号3,去除前侧窗三角板密封	120	0
9	基于序号3,去除前门把手密封	120	0
10	重复序号3	120	0
11	基于序号10,去除B柱分缝密封	120	0
12	基于序号10,去除前门分缝密封	120	0

续表

序号	工况描述	风速/(km·h⁻¹)	横摆角/(°)
13	基于序号10,去除后门分缝密封	120	0
14	重复序号10	120	0
15	基于序号14,去除后侧窗玻璃导槽密封	120	0
16	基于序号14,去除后侧窗水切密封	120	0
17	基于序号10,去除后侧窗三角板密封	120	0
18	基于序号14,去除后门把手密封	120	0
19	重复序号14	120	0
20	基于序号14,去除尾门两侧及下方分缝密封	120	0
21	基于序号14,去除后备箱前端分缝密封	120	0
22	基于序号14,去除后风挡玻璃密封	120	0
23	基于序号14,去除天窗密封	120	0
24	基于序号14,去除后视镜分缝密封	120	0
25	基于序号14,去除后视镜底座密封	120	0
26	基础状态	120	−10 0 10

3.3.5 非稳态风速下的车内风噪测量

在原状态下对车内风噪进行风速扫描测试,可以快速检查汽车是否存在哨音的风险。风速扫描测试的方法如下:

①将风速调到 160 km/h,横摆角为 0°。

②将速度信号线连接到数采前端的速度输入端。

③调整量程使声音信号不过载。

④将风速调整到 60 km/h。

⑤将目标速度定为 160 km/h。

⑥同时开始信号采集(录音)和速度提升(从 60~160 km/h),当风速达到

160 km/h 后立刻停止信号采集。

⑦对采集的信号作适当处理后即可获得风噪随速度变化的信号图。

如果从窄频频谱图中发现在某风速段有哨音问题出现,则需要在该风速段进行进一步的问题排查定位分析。

3.3.6　车内风振噪声测试

风振噪声是一种很特殊的风噪。对于配备天窗的汽车,如果天窗打开时在天窗的前方没有抬起的扰流板,那么车在行驶到一定速度时,会因天窗开口处涌入的气流而在车内产生非常压耳的低频轰鸣声,严重的甚至可能损伤听力。这种因天窗开口和车内空腔形成一个共振结构而形成的低频空气振动现象被称为风振。在设计和验证天窗扰流装置的过程中,通常需要对产生风振现象的车速和风振强度进行测量。

虽然风振的测量可以在试车跑道上进行,但是因为风振的峰值强度很高,车内测试人员如果没有采取听力保护措施,在风振的测试过程中有可能受到听力伤害,所以建议在风洞里进行风振的测量工作。利用风洞进行风振噪声的测试工作,不仅速度快,精度高,而且非常安全。现将在风洞内进行天窗打开情况下的风振测试方法介绍如下:

将待测车辆按风噪测试要求安置在风洞试验段的测试转盘上,风洞设备按风噪测试要求准备完毕后,即可在车内安装测试传感器。

测量风振可选用 1/2″的高量程传声器,也可选用测试用双耳人工头。如果采用 1/2″传声器,可参照《声学　汽车车内噪声测量方法》(GB/T 18697—2002)规定的传声器安装要求将传声器固定于头枕的内耳侧。如果采用人工头,可按 3.3.1 节介绍的风噪测试方法在车内安置人工头。

风振噪声的两个特点:一是峰值频率很低,通常在 20 Hz 以下;二是峰值很高,可高达 135 dB。所以在进行风振测试时需要对测试设备做一些特殊设定,风振测试流程如下:

①如果数采前端有防止过载的高通滤波器,需要将高通滤波器关闭。

②常用的 A 计权设置也要关闭,改为线性(dBL)。

③调整测试量程使声音信号不过载。

④打开天窗至测试开度,关闭其余车窗。

⑤启动风机,将风速调到测试风速(60 km/h)和横摆角(0°),当达到预定风速

后采集数据(通常为 15 s)。

⑥数据采集完毕后,将风速提高至 70 km/h,当达到预定风速后采集数据。

⑦重复步骤⑥,每次提速 10 km/h,直到风振最高发生车速以上 10 km/h。

天窗风振的测试风速可以从 60 km/h 开始,以 10 km/h 的速度步长提速,直到最大风振速度以上 10 km/h 为止。在最大风振强度的风速附近,可根据需求适当调整速度步长,捕捉最高风振峰值。

3.4　车外风噪测量方法

3.4.1　车外风噪测试设备及应用

提高整车的风噪性能水平可以从 3 个方面出发:

①控制气动噪声源,优化车身的气动外形,尽量降低气动噪声源。

②控制传播途径,优化整车声学包,提高整车隔声及吸声性能。

③保护接受者,即车内主动降噪功能。

其中控制噪声源是最根本和最有效的,特别是在车型开发早期。而车外气动噪声源往往有很多,比如轮腔、前大灯、雾灯、A 柱及后视镜、刮水器、尾翼、门把手等突出部件处产生的气动噪声源,它们有不同的特性,对车内的贡献量也各不相同。要实现对车外气动噪声源的控制,前提是能准确地识别出主要噪声源,从而可以采取有效的措施来控制声源对车内的传播以及对外场的辐射。

气动噪声源识别的任务是:

①弄清主要噪声源是由哪个部件产生的,以及它们对车内噪声的贡献量,以分清主次,排列顺序。

②了解主要噪声源的频率成分、传播特性和产生的机理。准确识别噪声源不仅可以采取针对性的措施降低噪声,更重要的是在产品的开发阶段(特别是外形设计阶段)就能加以控制,实现低气动噪声的设计。

测试车外风噪的主要目的是对位于车身外表面的风噪声源进行识别和定位,以便排查和解决风噪问题。测试车外风噪的设备主要有麦克风阵列和自由场麦克风。麦克风阵列需要布置在气流场外,避免受气流的直接冲击,从远场对车身的各表面进行扫描测试,通过对数据的分析,得到车身表面的风噪声源的分布。

在早期的风洞测试中,由于没有声源识别设备,声源定位和确认也采用近场测试的方法,把麦克风加上防风鼻锥,安置在声源附近进行测量,或者使用表面麦克风固定在车身表面进行测量,如图 3.10 所示。

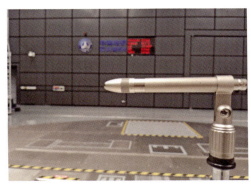

（a）带鼻锥麦克风   （b）表面麦克风

图 3.10   早期车外风噪测试设备在风洞中的运用

用于风洞声源定位和可视化测试的设备是声聚镜和麦克风阵列,如图 3.11 所示。声聚镜的工作原理是利用较远的聚焦点对噪声源进行扫描,根据椭圆凹面镜对声波的聚焦原理实现声源定位,能够准确测量单一噪声源的位置,但每次只能测量一个点,对于离散分布的声源,就必须不断移动声聚镜以便于确定所有声源的分布,测试效率较低。现阶段风洞中常用的声源定位设备是基于波束成型的麦克风阵列(俗称声学照相机),由多个传声器按照空间位置固定而形成的阵列采集声源传到不同位置传声器的时间延时和相位差,从而获得声场的分布信息,不但能得到需要分

（a）声聚镜   （b）车外麦克风阵列

图 3.11   声源识别设备在风洞试验中的运用

析的整个物体表面的声场特性,而且还能对声源进行频率上的分析,得到声源所包含的主要频率成分的分布情况。

　　声学风洞为了降低试验段的背景噪声,需要在风洞内做大量的消声处理,尤其是测试段的壁面必须由吸声材料覆盖,因此风洞结构必须为开口式,整个测试段是典型的射流结构。当测量目标在势流核心区向外辐射气动噪声时,测试设备基本上都是放置在流场之外的静止区域的,其优点是可以避免气流作用在测试设备上产生干扰,但由此也带来了新的问题:测试设备测量得到的信号都经历了流场内到流场外的传播过程,声在传播过程中受到风洞射流结构的影响。由于声波经过剪切层的折射,声传播的方向会发生改变,直接导致麦克风阵列测量得到的声源位置不准确。另外,由于声传播路径的变化、湍流对声的折射、散射作用等,在流场外测量得到的声压幅值将产生变化,在频率结构上也会产生频率加宽等现象。因此,有必要对射流中的声测量结果进行修正。常用的修正方式是:用几何声学的 Amiet 经典射流无限薄剪切层声传播模型对剪切层进行修正,如图 3.12 所示。

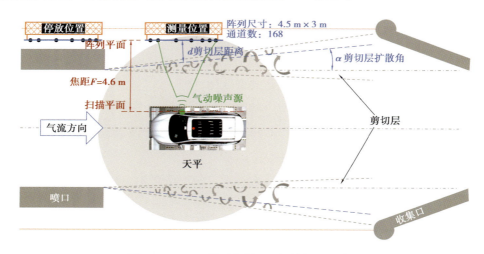

图 3.12　Amiet 模型参数及风洞剪切层示意图

　　CAERI 气动—声学风洞剪切层修正结果:在风速 140 km/h 的状态下,在测试车辆表面不同位置固定 3 个扬声器,使用麦克风阵列对已知声源进行声源定位,如图 3.13、图 3.14 所示,麦克风阵列的风洞剪切层修正偏差小于 20 mm。

（a）左侧阵列

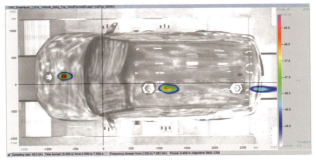

（b）顶部阵列

图 3.13　CAERI 风洞剪切层偏移量原始结果

（a）左侧阵列

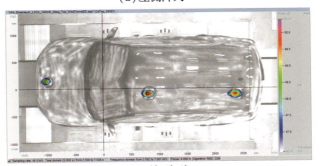

（b）顶部阵列

图 3.14　CAERI 风洞剪切层偏移量修正结果

3.4.2 稳态风速下的车外风噪测量

和车内风噪测量一样,测试车外风噪时首先需要把待测车辆安装固定在测试转盘上,安装方法可参考 3.2.4 节"待测车辆的安装和设置"。

在流场外的测试区域布置麦克风阵列。待测车辆和测试设备安装完毕,检查车辆和测试设备工作正常后即可开始测试。运转风机,达到设定的风速和横摆角后开始测量车外风噪。如果需要排查特殊工况下的风噪声源,可以先用主观评价方法,通过调节风速和横摆角,使待查声音稳定后再进行测量,可提高测试效率。

测量时用麦克风阵列对车身侧面(和顶面)的声场进行扫描采集,然后再对声场数据分析后可得到车外风噪声源的分布和性质。如果是需要在声源附近的流场里对声源进行确认,可使用表面麦克风或加装防风鼻锥麦克风采集近场数据。

在风速 140 km/h、横摆角 0°状态下,先测量基础状态的车外声源分布;然后修改左侧后视镜镜壳上部形状,在相同的风速及横摆角状态下,测试车辆的车外声源分布,通过前后两次的测量结果分析修改左侧后视镜镜壳上部形状对整车风噪的影

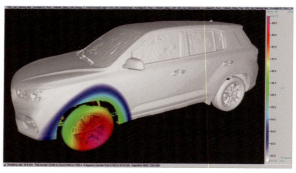

(a)基础状态

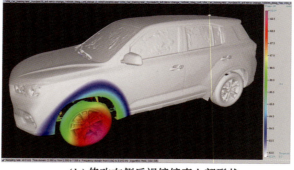

(b)修改左侧后视镜镜壳上部形状

图 3.15　三维阵列声源分布

响,如图 3.15 所示。

从图 3.15 中可以看出,前轮腔是主要的声源,由于声源的掩蔽效应,无法清晰地看到后视镜形状改变对车外声源的影响。但可以通过差异波束成形,用图 3.15 (b)所示的声源云图减去图 3.15(a)所示的声源云图,得出如图 3.16 所示差异云图的结果,可以清晰地看出修改左侧后视镜镜壳上部形状,左侧后视镜镜壳上部区域噪声源明显增加。

图 3.16　修改左侧后视镜镜壳上部形状的差异声源云图

3.4.3　非稳态风速下的车外风噪(哨音)测量

风速扫描测试的方法如下:

①在流场外相对安静的测试区域布置麦克风阵列,待测车辆和测试设备安装完毕,检查车辆和测试设备工作正常后即可开始测试。

②将风速信号数据线连接到数采前段的速度输入端。

③启动风机,将风速调整到 160 km/h,检查风速信号在数采设备上显示正常,调整各通道量程使声音信号不过载。

④将风速调整到 60 km/h。

⑤将目标速度定为 160 km/h。

⑥同时开始信号采集(录音)和速度提升(从 60~160 km/h),当风速达到 160 km/h后立刻停止信号采集。

⑦对采集的信号作适当处理后即可获得风噪随速度变化的信号图。

如果从窄频频谱图中发现哨音问题出现,则需要做进一步的排查定位分析。

3.5　车内风噪性能评价指标

　　整车的车内风噪的评价指标包括:A 计权声压级、语言清晰度指数、响度和累计声压差分值。对这些指标的综合评价能反映全频段下车内风噪客观量和主观感受。

3.5.1　A 计权声压级

　　采用 A 计权声压级计算功能对传感器测量的车内风噪数据进行处理,可得到线谱、1/3 倍频程谱和总声压级。线谱和 1/3 倍频程谱可给出车内噪声在不同频率段的量值大小,总声压级则是一个单值评价指标。

3.5.2　语言清晰度指数

　　语言清晰度指数(AI)是在给定的噪声环境下,语言可懂程度的有效比例,作为整车车内风噪的评价指标,具有主观感受评价的特性。它的测量方法和计算方法见《声学　语言清晰度测试方法》(GB/T 15508—1995)。

3.5.3　响度

　　响度是人耳判别声音由轻到响的强度等级概念,它不仅取决于声音的强度,还与它的频率及波形有关。它的测量方法和计算方法见 ISO 532-1:2017 声学响度计算方法:第一部分 Zwicker 方法。

3.5.4　累计声压差分值

　　累计声压差分值适用于对标车的车内风噪对比测量评价和风噪工况对比测量评价,是对两种不同数据获取 A 计权声压级 1/3 倍频程各中心频率处的声压级之差,见式(3.1),它是局部风噪(如局部泄漏噪声、局部形状噪声)的评价指标和局部风噪目标指标;局部泄漏噪声中心频率范围为 400~10 000 Hz,其他局部噪声中心频率范围为 63~10 000 Hz。可利用式(3.2)计算 1/3 倍频程各中心频率处的声压级之差得到 1/3 倍频程谱下的声压差分布,比较各中心频率下的声压差的大小程度。

$$\Delta pt_{o} = \sum_{i}^{n} \left(L_{pi2} - L_{pi1} \right) \tag{3.1}$$

$$\Delta pt = L_{pi2} - L_{pi1}（当 L_{pi2} < L_{pi1} 时，\Delta pt = 0） \tag{3.2}$$

式中　i——1/3 倍频程中心频率序号；

　　　L_{pi1}，L_{pi2}—— 分别为两对比工况 1/3 倍频程第 i 个中心频率点对应的声压级，dB。

3.6　风噪测试报告

　　一个完整的风噪测试报告需要包含试验基本信息、测试车辆信息、试验工况信息、测试结果和数据等部分。试验基本信息应包括项目信息、测量环境信息、测量仪器和参试人员等。测试车辆信息应记录车辆型号、类型等车辆基本信息以及完整度、配重等车辆状态。试验工况信息应包括测量工况及对应的数据：测量日期、测量前后校准时间。详细的测量工况描述及对应的测量数据文件名。编写工况时应将车辆的一种相同车辆状态测量的不同风速、横摆角作为一个完整试验工况的子工况。测试结果应包括对测试数据进行分析后得到的结果和结论及计算分析采用的参数设置。

参考文献

[1] CHEN K H, JOHNSON J, DIETSCHI U, et al. Automotive Mirror Wind Noise Simulations and Wind Tunnel Measurements[C]. 14th AIAA/CEAS Aerodynamic Noises Conference. Canada：2008.

[2] 庞剑，谌刚，何华. 汽车噪声与振动：理论与应用[M]. 北京：北京理工大学出版社，2006.

[3] WALKER R, WEI W. Optimization of Mirror Angle for Front Window Buffeting and Wind Noise Using Experimental Methods[C]. SAE2007-01-2401.

[4] ANTONELLO C. Generation of a Controlled Level of Turbulence in the Pininfarina Wind Tunnel for the Measurement of Unsteady Aerodynamics and Aero-acoustics[C].SAE Paper 2003-01-0430.

[5] HE Y Z, YANG Z G, WANG Y G. Wind Noise Testing at Shanghai Automotive Wind Tunnel Center [C]. Proceedings of the FISITA 2012 World Automotive Congress.2012：571-578.

[6] 贺银芝，龙良活，杨志刚. 轿车侧窗风振特性的风洞试验研究[J]. 汽车工程. 2017,39(9)：1011-1017.

[7] 俞悟周，王佐民. 轿车风噪声及其测量[J].声学技术，2000,19(1)：30-34.

［8］俞悟周,毛东兴. 声学聚焦镜测量汽车车外风噪声分布［J］. 噪声与振动控制,2000(2):44-47.

［9］HAUKE S, RÖSER P,WIEGAND T, et al. The New Aerodynamic and Aero-acoustic Wind Tunnel of the Porsche AG［C］. Internationales Stuttgarter Symposium. 2015:818-826.

［10］张强. 气动声学基础［M］. 北京:科学出版社,2012.

第4章 汽车风洞修正

(陈 军 补 涵)

4.1 汽车风洞修正概述

4.1.1 概述

由于汽车风洞的空间有限,它模拟出的风与在足够大空间内的汽车所经受的风(比如在空旷地带汽车行驶时所经受的气流)有一定的差别。有限空间的风洞存在阻塞、静压梯度等干扰,除此之外,有些风洞还存在模型支架干扰,这些干扰将导致风洞中的测量结果与真实值产生偏差。为了得到更为准确的结果,需进行修正。

目前汽车风洞的结构形式主要有开口式风洞和闭口式风洞两种。这两种风洞均需要进行修正。对于汽车行业,目前使用最广泛的结构形式是开口式,因此,在本书中主要对汽车开口式风洞的修正方法进行具体的研究和阐述。

广义来讲,汽车风洞的修正可以从汽车风洞设计、先进设备(如边界层抽吸系统、移动带系统等)的应用、风洞的调节标定和风洞投入使用后的数学修正等全阶段进行定义。而这些不同阶段的修正手段也均是围绕着风洞的干扰因素来进行的,可以看作广义的汽车风洞修正。

狭义来讲,汽车风洞的修正指对风洞内阻塞、静压梯度等干扰因素进行的数学修正,即半理论半经验的修正。这种修正手段在世界范围内进行过深入的研究,理论成果和实践经验均具备,在目前各大汽车风洞中使用广泛,并且对于受试车辆和企业来说有着直接可见的修正效果。因此本书主要对数学修正进行研究和阐述。

4.1.2　汽车风洞修正的研究现状和趋势

近年来,同济大学 SAWTC 进行了很多车型的汽车阻力系数 C_D 值测试,但其很少进行风洞修正方面的研究。同济大学的庞加斌教授等进行过 TJ-2 风洞汽车模型试验的修正研究,建立了针对该风洞的模型试验修正方法。吉林大学的张英朝教授也进行过风洞的修正研究,提出并实现了基于汽车模型试验和CFD 的模型支撑的阻塞修正方法,并进行了风洞的阻塞修正研究,但只是对现有方法的概述性阐述和对其试验结果进行修正的应用。总的来说,汽车风洞修正研究在国内进展不大,其后续的研究还任重道远。

在国外,汽车风洞发展近百年,汽车风洞的修正研究也很广泛,而且还在持续不断的研究中,很多成果都已经发表。汽车风洞修正技术的研究随着汽车风洞技术的发展而发展,由最初的闭口式风洞修正逐渐发展到开口式风洞修正,经典的方法为 Mercker 博士提出的风洞修正方法。虽然,随着汽车风洞技术水平和建造水平的不断提高,其测量结果也越来越精确,但并不代表修正技术不起作用,风洞的修正会因不同的风洞、不同的测试模型配置以及不同的试验规范而产生关键作用。汽车阻力系数 C_D 风洞测量值的修正(本质上是风洞动态压力或风速的修正)在汽车风洞实际应用中可集成到风洞控制系统中,这样测量出来的最终 C_D 值即为修正过后的值。在实际的风洞应用中,一般均会同时提供未经修正的 C_D 测量值。

汽车风洞修正方法(汽车阻力系数 C_D 测量值修正)均需要验证。由于不同风洞配置存在差异,因此风洞修正方法需要进一步在不同风洞内进行试验和验证。目前欧洲正在进行相关的验证研究,但鲜有成果发表。在国内,CAERI 的陈军提出了一种基于试验和 CFD 分析为主要路线的验证方法,CAERI 风洞团队也进行了风洞相关的研究和实践。

4.2 开口式汽车风洞修正

4.2.1 阻塞修正

1)背景知识

(1)测定风洞内风速的两种经典方法

喷口法(Nozzle Method)和驻室法(Plenum Method)是风洞内风速测定的两种经典方法,如图4.1所示。

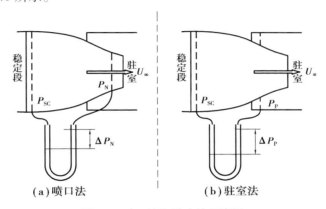

图 4.1 喷口法和驻室法示意图

图4.1中,P_{SC}为稳定段内的静态压力(相当于总压力),P_N为喷口内的静态压力,P_P为喷口附近驻室内的静态压力,U_∞为来流速度,ΔP_N为总压力与喷口内静态压力之间的压力差,ΔP_P为总压力与驻室内静态压力之间的压力差。

$$q_\infty = \frac{1}{2}\rho\, U_\infty^2 = k \cdot \Delta P \tag{4.1}$$

式中　　k——流道系数,无量纲数;

　　　　q_∞——来流动压,Pa;

　　　　U_∞——来流速度,m/s;

　　　　ρ——空气密度,kg/m³;

　　　　ΔP——静压差,Pa。

k值需要通过风洞的标定试验来确定准确的值,如果采用不同的方法,k值是不

同的。以喷口法测试为例,由能量守恒以及质量守恒可以得出以下方程:

$$P_1 + \frac{1}{2}\rho U_1^2 = P_2 + \frac{1}{2}\rho U_2^2 \tag{4.2}$$

$$S_1 U_1^2 = S_2 U_2^2 \tag{4.3}$$

式中 P_1——稳定段处静压,Pa;

U_1——稳定段处气流速度,m/s;

S_1——稳定段处横截面积,m^2;

P_2——喷口处静压,Pa;

U_2——喷口处气流速度,m/s;

S_2——喷口处横截面积,m^2。

联立式(4.2)与式(4.3),可得到:

$$\frac{S_1^2}{S_1^2 - S_2^2}(P_1 - P_2) = \frac{1}{2}\rho U_2^2 \tag{4.4}$$

式中,$\frac{S_1^2}{S_1^2 - S_2^2}$即为流道系数 k,$P_1 - P_2$ 即为静压差 ΔP,由此可知,流道系数 k 主要与收缩段前后横截面积尺寸有关。

在风洞的实际标定过程中,由于收缩段干扰、边界层以及阻塞效应的影响,喷口法中的静压差 ΔP 通常比实际值更大,从而导致流道系数 k 比计算值偏小。而驻室法动态压力的结果受阻塞影响较小,静压差 ΔP 受收缩段、边界层影响较小,所以目前大多数汽车开口式风洞采用驻室法测量风速。但也有采用喷口法的,如奥迪公司于1999年开始运行的气动—声学风洞主要是采用喷口法,其可以利用喷口阻塞抵消收集口阻塞和水平浮力效应造成的阻力系数的减小,从而达到风洞自修正的目的。同济大学SAWTC 在2009年开始运行前期采用喷口法居多,但后来也采用驻室法测量风速。

(2)伯努利原理

丹尼尔·伯努利在1726年提出了伯努利原理,其实质是流体的机械能守恒,即动能+重力势能+压力势能=常数。其最为著名的推论为:等高流动时,流速大,压力就小。

需要注意的是,由于伯努利原理是由机械能守恒推导出的,所以它仅适用于黏度可以忽略、不可被压缩的理想流体。在低速(<102 m/s)范围下的空气可以认为是黏度可以忽略、不可压缩的。因此,伯努利方程应用于汽车空气动力学,动压可以通过测量出来的总压减去静压得到,根据式(4.1)即可确定风速。

(3)阻塞干扰势流模型

风洞中的阻塞干扰的势流模型见表4.1,从中可以看出风洞阻塞修正的发展历程。

表 4.1　汽车风洞势流模型及其修正

阶段	理想化的气流	说　明	势流模型	修　正
1		无限流场中的物体		$\dfrac{q}{q_\infty}=1$
2		无限长度但有限宽度射流中的物体		$\dfrac{q}{q_\infty}=(1+\varepsilon_S)^2$
3		物体距离喷口有限距离，喷口约束的流线		$\dfrac{q}{q_\infty}=(1+\varepsilon_S+\varepsilon_N)^2$
4		物体后面有限距离的收集口（第二个流线约束）		$\dfrac{q}{q_\infty}=(1+\varepsilon_S+\varepsilon_N+\varepsilon_C)^2$

2)喷口阻塞修正

喷口阻塞是阻塞的一种形式,是喷口和测试模型实体之间的气流速度变化造成的干扰因素,阻塞干扰势流模型如图4.2所示,它是经典的阻塞干扰因素之一。喷口阻塞形成的根本原因在于风洞内确定风速时采用的喷口法和驻室法,在测试模型实体位置相同的情况下,因风洞喷口处的速度分布和射流内的风速分布不同产生系统误差,从而导致风洞测量结果的误差。

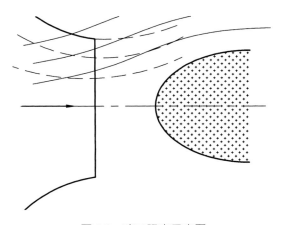

图 4.2 喷口阻塞示意图

如果只对喷口阻塞进行修正,喷口阻塞的修正原理是对风速(动态压力)进行修正:$U = U_\infty + \Delta U = U_\infty(1 + \varepsilon_N)$,即 $q/q_\infty = (1 + \varepsilon_N)^2$。根据 Mercker 博士的观点,$\varepsilon_N = \Delta U/U_\infty$,$\varepsilon_N$ 与风洞的几何和测试模型实体的几何有密切关系,在汽车风洞中,喷口阻塞对最终的阻力系数 C_D 测量值有影响,阻力系喷口阻塞修正方法为:

$$C_{Dc} = \frac{C_{Dm}}{\dfrac{q}{q_\infty}} = \frac{C_{Dm}}{(1 + \varepsilon_N)^2} \tag{4.5}$$

式中 C_{Dc}——修正阻力系数;

$\quad\quad C_{Dm}$——测量阻力系数;

$\quad\quad q$——动态压力,Pa;

$\quad\quad \varepsilon_N$——喷口阻塞系数。

3)收集口阻塞修正

收集口是四周拥有壁面的有限尺寸装置,由于测试模型(车辆)的尾流会使气流的横向分布产生变化(图4.3),从而造成进入收集口的气流加速,这就好似来流的速度增加,因而产生的干扰即为收集口阻塞。

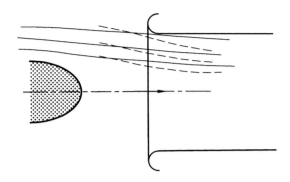

图 4.3　收集口阻塞示意图

收集口阻塞的修正原理和喷口阻塞修正原理是相同的,都是对风速进行修正,即

$$U = U_{\infty} + \Delta U = U_{\infty}(1 + \varepsilon_C) \tag{4.6}$$

式中　U——风速,m/s;

　　　U_{∞}——来流速度,m/s;

　　　ΔU——风速修正量,m/s;

　　　ε_C——收集口阻塞系数。即

$$\frac{q}{q_{\infty}} = (1 + \varepsilon_C)^2 \tag{4.7}$$

收集口阻塞修正系数 ε_C 与风洞几何和车辆几何有密切关系。

根据伯努利方程,风洞内 C_D 测量值的收集口阻塞修正方法为:

$$C_{Dc} = \frac{C_{Dm}}{\dfrac{q}{q_{\infty}}} = \frac{C_{Dm}}{(1 + \varepsilon_C)^2} \tag{4.8}$$

4)实体阻塞修正

在闭口式风洞中,实体阻塞干扰表现形式是有限空间的壁面影响气流,从而造成干扰,在开口式风洞中,实体阻塞干扰表现形式是由于测试模型(车辆)的存在而造成的射流扩张和射流偏离,射流偏离可以认为是射流扩张的另一种形式。

(1)射流扩张

由于模型(车辆)的存在,气流会沿着模型表面改变流向,根据势流理论,无黏气流不会分离,但是实际的气流是具有一定黏性的,会在模型表面产生分离,从而造成气流的扩张,引起气流流速变化,施加在测试车辆上的气动力也会发生变化,因此会对风洞测量结果造成干扰,这就是射流扩张造成的实体阻塞影响,如图4.4所示。

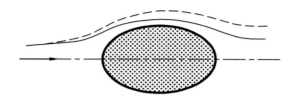

图 4.4　射流扩张示意图

（2）射流偏离

射流偏离是由于模型(车辆)的不对称,从而造成两侧的气流产生偏离,两侧的气流角度不同,如图4.5所示。

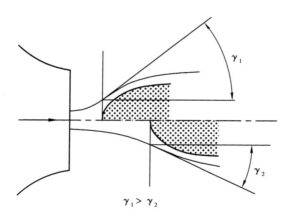

图 4.5　射流偏离示意图

射流偏离和射流扩张同样会引起气流速度变化和对车辆的气动力的变化,这会对风洞测量结果造成干扰,即为射流偏离造成的实体阻塞影响。

（3）阻塞修正

如果仅对实体阻塞进行修正,则

$$U = U_\infty + \Delta U = U_\infty(1 + \varepsilon_s) \tag{4.9}$$

式中　　ε_s——实体阻塞系数。

即

$$\frac{q}{q_{\infty}} = (1 + \varepsilon_{\mathrm{S}})^2 \tag{4.10}$$

根据伯努利方程, C_D 值的实体阻塞修正则为:

$$C_{Dc} = \frac{C_{Dm}}{\dfrac{q}{q_{\infty}}} = \frac{C_{Dm}}{(1 + \varepsilon_{\mathrm{S}})^2} \tag{4.11}$$

式中, 实体阻塞修正系数 ε_{S} 与车辆几何和风洞几何有很大关系:

$$\varepsilon_{\mathrm{S}} = \frac{\tau \left(\dfrac{V_{\mathrm{M}}}{L_{\mathrm{M}}}\right)^{\frac{1}{2}} A_{\mathrm{M}}}{(A^*)^{\frac{3}{2}}} \tag{4.12}$$

式中　V_{M}——车辆/模型体积, m^3;

　　　L_{M}——车辆/模型长度, m;

　　　A_{M}——车辆/模型正投影面积, m^2;

　　　A^*——$\dfrac{A_{\mathrm{N}}}{1 + \varepsilon_{\mathrm{QN}}}$, m^2;

　　　τ——风洞形状常数。

　　然而在风洞中, 阻塞往往不是单独存在, 而是同时存在的, 共同影响着测量结果, 因此, 阻塞的综合修正方法如下:

$$\frac{q}{q_{\infty}} = (1 + \varepsilon_{\mathrm{S}} + \varepsilon_{\mathrm{N}} + \varepsilon_{\mathrm{C}})^2 \tag{4.13}$$

此方法适用于喷口法; C_D 值的风洞阻塞修正(喷口法)为:

$$C_{Dc} = \frac{C_{Dm}}{\dfrac{q}{q_{\infty}}} = \frac{C_{Dm}}{(1 + \varepsilon_{\mathrm{S}} + \varepsilon_{\mathrm{N}} + \varepsilon_{\mathrm{C}})^2} \tag{4.14}$$

对于驻室法, 修正方法略有不同, 即

$$\frac{q}{q_{\infty}} = (1 - \varepsilon_{\mathrm{QN}} + \varepsilon_{\mathrm{QP}} + \varepsilon_{\mathrm{S}} + \varepsilon_{\mathrm{N}} + \varepsilon_{\mathrm{C}})^2 \tag{4.15}$$

$$C_{Dc} = \frac{C_{Dm}}{\dfrac{q}{q_{\infty}}} = \frac{C_{Dm}}{(1 - \varepsilon_{\mathrm{QN}} + \varepsilon_{\mathrm{QP}} + \varepsilon_{\mathrm{S}} + \varepsilon_{\mathrm{N}} + \varepsilon_{\mathrm{C}})^2} \tag{4.16}$$

式中　$\varepsilon_{\mathrm{QN}}$——动态压力系数(对应喷口法);

　　　$\varepsilon_{\mathrm{QP}}$——动态压力系数(对应驻室法)。

式中 ΔC_{DNG}——喷口压力梯度阻力系数修正量；

U_N——对应喷口法风速，m/s；

U_P——对应驻室法风速，m/s。

上述两种方法分别对应喷口法和驻室法，均是基于试验的修正方法。还有另一个方法是理论推导出来的：

$$\Delta C_{DNG} = \tau_2^2 \cdot \lambda^2 \cdot \left(\frac{A_M}{A_N}\right)^2 \tag{4.22}$$

式中 τ_2——依赖于风洞的常数；

λ——车辆形状系数。

τ_2 与喷口形状和车辆距离喷口出口的长度有关，但主要是车辆距离喷口出口的长度的函数。λ 为无量纲数，其大小为：

$$\lambda = G\frac{\sqrt{\pi}}{2}\frac{V_M}{(\sqrt{A_M})^3} \tag{4.23}$$

这个方法的优点在于修正时不会重复引入其他因素影响，即只为车辆置入风洞中时由于阻塞引起的喷口压力梯度造成的测量 C_D 值的修正量。

3）尾流畸变造成的压力梯度修正

除了喷口压力梯度外，当车辆置于风洞中时，还存在尾流畸变造成的压力梯度［称为尾流压力梯度（Wake Distortion Gradient，WDG）］。Joel Walter 等将尾流压力梯度整合至压力梯度的修正中。

$$\Delta C_{DG} = \Delta C_{DHB} + \Delta C_{WDG} \tag{4.24}$$

式中

$$\Delta C_{WDG} = C_{px_{sens}} - C_{px_{rear}} \tag{4.25}$$

式中 ΔC_{WDG}——尾流畸变造成的梯度；

x_{sens}——敏感长度位置；

x_{rear}——车辆后保险杠在驻室中的位置。

4.2.3　汽车气动阻力系数 C_D 开口式风洞测量值综合修正

将上述各种干扰造成的 C_D 值修正综合起来，组成 C_D 值综合修正。汽车气动阻力系数 C_D 值的综合修正方法见式（4.26）：

$$C_{Dc} = \frac{C_{Dm} + \Delta C_{DHB} + \Delta C_{WDG} + \Delta C_{DNG}}{\frac{q}{q_\infty}} \tag{4.26}$$

之所以将喷口压力梯度影响在测量 C_D 值进行动态压力修正之前引入修正程序，是因为该因素由阻塞引起，与动态压力并没有关联。该修正除了和模型形状和体积有关外，只包含了阻塞因素（阻塞比 A_M/A_N），这样可以避免重复修正。

4.2.4　汽车风洞试验升力（寄生力）修正

汽车风洞试验升力修正可从两个角度来考虑：一是空气动力学角度；二是寄生力的角度，如图 4.8 所示。

图 4.8　升力（寄生力）产生因素

从空气动力学角度来看，汽车升力的修正原理可以借鉴航空空气动力学中机翼的升力修正。通常来说，相比航空空气动力学的升力修正，普通民用汽车气动升力测量值的修正没有那么重要，量级较小，可以忽略。而对带有尾翼的赛车则另当别论，这是因为赛车尾翼产生的"上洗流"（up wash）会与风洞边界层产生相互影响，而且尾翼与地面的距离较大，从而造成气动升力测量值的偏差，需要修正。通常情况下，民用汽车在风洞中测量的气动升力修正可以忽略。在此，不再赘述气动升力的空气动力学修正方法。

从寄生力的角度来看，由于在风洞中汽车是夹持在天平转盘移动带系统上的，夹持机构的联结、车轮移动带的浮动以及车轮旋转时与裸露的盖板之间间隙的影响产生寄生力，寄生力附加在气动升力上，造成气动升力测量值的增加。修正的方法是在无风速的状态下进行试验确定寄生力（注意车辆的固定方式一定是软连接方式，比如采用线约束），用测量的气动升力的值减掉寄生力即可。国内也有学者采用CFD 方法确定移动带浮动造成的寄生力的案例。

4.2.5   汽车风洞试验侧向力修正

关于汽车风洞中的汽车侧向力修正研究,目前行业内还没有更多的文献或成果可以参考。由于横摆状态下的汽车在侧向风的作用下产生了"侧洗流"(side wash),影响气动侧向力的测量结果。根据相关文献的观点,理论上可以借鉴航空空气动力学升力修正方法用于此因素造成的汽车侧向力偏差的修正。但是,由于目前行业内缺乏横摆位置的汽车与风洞喷口和收集口之间的相互影响的研究,目前还没有人提出确切的汽车侧向力修正计算方法。这是汽车风洞修正领域的一片空白,有待进一步研究。

4.3   汽车风洞试验修正案例

本修正案例采用开口式风洞中经典的 Mercker 修正方法。相较于上述理论计算方法,修正案例通过几个风洞的测量即可进行风阻系数修正,更具有工程应用价值。汽车阻力系数 C_D 值的修正本质上是风洞动态压力或风速的修正,可以通过修正计算公式表达,见式(4.27)、式(4.28):

$$C_{Dc} = \frac{C_{Dm} + \Delta C_{DHB}}{\dfrac{q_c}{q_\infty}} \qquad (4.27)$$

$$q_c = q_0(1 + \varepsilon_S + \varepsilon_C)^2 \qquad (4.28)$$

式中 C_{Dc}——修正阻力系数;

C_{Dm}——测量阻力系数;

q_c——修正动态压力,Pa;

q_∞——测量动态压力,Pa;

ΔC_{DHB}——轴向压力梯度修正量;

q_0——喷口阻塞修正动压,Pa;

ε_S——实体阻塞修正系数;

ε_C——收集口阻塞修正系数。

喷口阻塞修正需要同时测量喷口法与驻室法的动压,通过迭代,计算出势流模型中车辆等效源的位置 x_S,从而对喷口阻塞进行修正,得到准确的动压 q_0,见式(4.29)—式(4.31)及图4.9。

$$\varepsilon_N = \frac{\dfrac{A}{2C_N} \cdot \left(1 - \dfrac{x_S}{\sqrt{x_S^2 + R_N^2}}\right)}{1 - \dfrac{A}{2C_N} \cdot \left(1 - \dfrac{x_S}{\sqrt{x_S^2 + R_N^2}}\right)} \cdot \frac{R_N^3}{\left(x_N^2 + R_N^2\right)^{\frac{3}{2}}} \qquad (4.29)$$

$$\varepsilon_P = \frac{\dfrac{A}{4\pi} \cdot \dfrac{x_S}{\left(x_S^2 + R_N^2\right)^{\frac{3}{2}}}}{1 - \dfrac{A}{4\pi} \cdot \dfrac{x_S}{\left(x_S^2 + R_N^2\right)^{\frac{3}{2}}}} \cdot \frac{R_N^3}{\left(x_N^2 + R_N^2\right)^{\frac{3}{2}}} \qquad (4.30)$$

$$\left(1 + \varepsilon_N\right)^2 q_N = \left(1 + \varepsilon_P\right)^2 q_P$$
$$\equiv q_0 \qquad (4.31)$$

式中　A——势流模型车辆正投影面积，m^2；

　　　C_N——势流模型喷口面积，m^2；

　　　x_S——势流模型喷口至源的距离（通过迭代计算得出），m；

　　　R_N——势流模型喷口等效半径，m；

　　　x_N——喷口距模型距离，m。

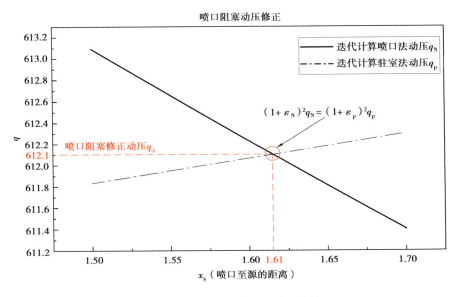

图 4.9　喷口阻塞修正动压计算

实体阻塞效果主要受车辆与喷口尺寸的影响,实体阻塞系数 ε_S 计算方法见式 (4.32)。

$$\varepsilon_S = \tau \left(\frac{V}{L_m} \right)^{\frac{1}{2}} \frac{A}{(C_N)^{\frac{3}{2}}} \qquad (4.32)$$

式中　τ——风洞形状常数;

　　　V——势流模型车辆体积,m^3;

　　　L_m——车辆长度,m。

收集口阻塞效果主要受收集口面积、车辆正投影面积、试验段长度的影响。由于收集口位于车辆后方,车辆尾流延伸至收集口的部分为远场尾流,车辆尾流未延伸至收集口的部分为近场尾流,收集口阻塞系数 ε_C 计算方法见式(4.33)。

$$\varepsilon_C = \left(\frac{C_{Dm}}{4} \frac{A}{C_N} + \eta_W \frac{A_S}{C_C} \right) \frac{R_C^3}{(X_C^2 + R_C^2)^{\frac{3}{2}}} \qquad (4.33)$$

式中　η_W——远场尾流修正经验常数,为 0.41;

　　　A_S——等效尾流面积,m^2;

　　　C_C——势流模型收集口面积,m^2;

　　　R_C——势流模型收集口等效半径,m;

　　　X_C——车尾至收集口距离,m。

轴向静压梯度修正需要同时测量两种不同的轴向静压梯度中阻力系数 C_{Dm1}、C_{Dm2},通过迭代,计算出势流模型中车辆静压敏感长度,从而对水平浮力进行修正,计算准确的阻力系数水平浮力修正量 ΔC_{DHB},具体见式(4.34)、式(4.35)。

$$\Delta C_P = C_P(x) - C_P(x_{fb}) \qquad (4.34)$$

$$C_{Dm1} - \Delta C_{P1} = C_{Dm2} - \Delta C_{P2} \qquad (4.35)$$

式中　$C_P(x)$——距天平中心 x 处静压,Pa;

　　　$C_P(x_{fb})$——车头前保处静压,Pa。

通过改变 $C_P(x)$ 中的 x 值,不断迭代计算求得式(4.35)相等时的 x 值。此时的 x 即为车辆静压敏感长度,计算得出的 ΔC_{P1}、ΔC_{P2} 即为水平浮力修正量 ΔC_{DHB},如图 4.10 所示。

以某两座风洞测试车辆基础状态修正为例,风洞及车辆基本信息见表 4.2。

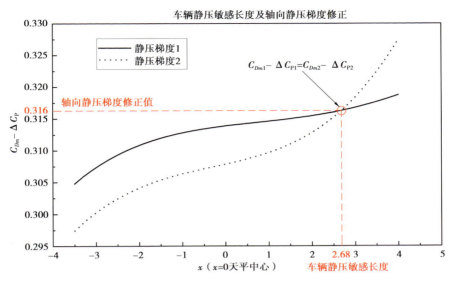

图 4.10　轴向静压梯度修正示意图(轿车 基础工况)

表 4.2　风洞及测试车辆基本信息

风洞信息	风洞 1	风洞 2	车辆信息	轿车	SUV
喷口面积/m^2	28	22.5	车辆长度/m	4.53	4.44
收集口面积/m^2	49.9	28.5	正投影面积/m^2	2.26	2.63
测速段长度/m	18	9.95	车辆体积/m^3	4.6	5.1
天平中心距喷口距离/m	5.5	4.5	—	—	—

运用上述 C_D 值的修正方法对两座风洞中的对标测试结果进行修正,以轿车和 SUV 基础工况为例,分别对各项干扰影响因素进行修正,见表 4.3。

表 4.3　对标车辆基础状态修正结果

序号	修正项	轿车				SUV			
		风洞 1		风洞 2		风洞 1		风洞 2	
		C_D	ΔC_D	C_D	ΔC_D	C_D	ΔC_D	C_D	ΔC_D
1	原始 C_D 值	0.305 0	—	0.298 0	—	0.382 0	—	0.376 0	—
2	正投影面积	0.301 4	−0.003 6						

续表

序号	修正项	轿车				SUV			
		风洞 1		风洞 2		风洞 1		风洞 2	
		C_D	ΔC_D	C_D	ΔC_D	C_D	ΔC_D	C_D	ΔC_D
3	水平浮力	0.305 3	0.003 9	0.296 7	−0.001 3	0.387 5	0.005 5	0.374 4	−0.001 6
4	喷口阻塞	0.302 0	−0.003 3	0.294 4	−0.002 3	0.382 8	−0.004 7	0.371 1	−0.003 3
5	实体阻塞	0.306 5	0.004 5	0.297 2	0.002 8	0.389 7	0.006 9	0.375 4	0.004 3
6	收集口阻塞	0.299 0	−0.007 5	0.296 8	−0.000 4	0.375 2	−0.014 5	0.374 7	−0.000 7
7	总修正量	—	−0.006 0	—	−0.001 2	—	−0.006 8	—	−0.001 3
8	风洞 1−风洞 2	—	0.002 2			—	0.000 5		

注:风洞 1、2 中轿车正投影面积差异较大,单独进行修正。

修正前,风洞 1、风洞 2 中轿车与 SUV 的 C_D 值分别差 7 个 counts 和 6 个 counts,修正后,风洞 1 与风洞 2 的 C_D 值分别差 2.2 个 counts 和 0.5 个 counts,修正效果明显。风洞 1 中轿车与 SUV 总修正量分别为−6 个 counts 和−6.8 个 counts,风洞 2 中轿车与 SUV 总修正量则是−1.2 counts 和−1.3 counts。综上,通过修正能够减小风洞之间的测试结果差异,减小由于风洞结构(如喷口、收集口、有限流场范围)、流场参数(如静压梯度)差异造成的影响,使得风洞测试环境尽可能地贴近真实道路环境。在风洞测试结果应用过程中(如风洞法计算、油耗评估),应该将风洞测试结果进行修正,排除风洞自身造成的干扰。目前国内的空气动力学性能开发以 CFD 仿真为主,CFD 仿真开发基于一个理想的、无干扰的流场域,与风洞测试环境存在较大差异,应首先将风洞测试结果进行修正,尽量消除风洞试验的物理条件限制,然后进行 CFD 仿真结果与风洞测试结果之间的对标分析。

参考文献

[1] 庞加斌,林志兴,余卓平,等.TJ-2 风洞汽车模型试验的修正方法[J].汽车工程,2002,24(5):371-375.

[2] 张英朝.基于仿真与试验的汽车风洞修正研究[D].长春:吉林大学,2010.

[3] 陈军,王勇,石锋,等.汽车气动阻力系数 C_D 风洞测量值修正技术研究[J].汽车工程,2017,39(4):412-417.

[4] MERCKER E,WICKERN G,WIEDEMANN J.Contemplation of Nozzle Blockage in Open Jet Wind

Tunnels in View of Different 'Q' Determination Techniques［C］. SAE International SAE International Congress and Exposition. Detroit, USA. February 24-27, 1997.SAE Paper 970136.

［5］ WICKERN G, SCHWARTEKOPP B, Correction of Nozzle Gradient Effects in Open Jet Wind Tunnels［C］. SAE International SAE International Congress and Exposition. Detroit, USA.March8-11, 2004.SAE Paper 2004-01-0669.

［6］ HUCHO Wolf-Heinrich. Aerodynamics of Road Vehicles［M］.4th. SAE, 1998.

［7］ MERCKER E, WIEDEMANN J.On the Correction of Interference Effects in Open Jet Wind Tunnels ［C］. SAE International SAE International Congress and Exposition. Detroit, USA. February 26-29, 1996.SAE Technical Paper 960671, 1996.

［8］ WICKERN G. On the Application of Classical Wind Tunnel Corrections for Automotive Bodies［C］. SAE International SAE International Congress and Exposition. Detroit, USA. March 5-8, 2001.SAE Paper 2001-01-0633.

［9］ WALTER J, PIEN W, LOUNSBERRY T, et al. On Using Correlations to Eliminate the Second Measurement for Pressure Gradient Corrections［C］.FKFS-9th Aerodynamic Conference 2013, 2013.

［10］ GERHARD W.Lift and Side Force Corrections for Wind Tunnel Measurements of Ground Vehicles ［C］. SAE International SAE International Congress and Exposition. Detroit, USA. March 4-7, 2002. SAE Paper 2002-01-0533.

［11］ 丁宁,杨志刚,李启良.风洞移动带系统对气动升力影响的数值模拟[J].汽车工程,2013,35 (2):143-146.

第5章 汽车风洞对标

5.1 风洞对标概述

风洞对标即风洞相关性研究,旨在研究风洞与风洞、风洞与道路(真实环境)、风洞与仿真计算之间的差异及其相关关系。风洞对标主要关心以下内容:风洞测试的准确性、相关性以及测试结果差异来源等。

在汽车研发、测试的过程中,为了得到更好的动力性、稳定性、舒适性以及燃油经济性,需要准确测量汽车气动系数。此外,在一些油耗测试或排放试验中也要求提供准确的气动系数值。但由于道路测试的复杂性和不确定性,测试过程中存在着不同程度的干扰因素,测试结果较为分散,重复度不高。同时,道路测试仅针对实车或者工程样车,无法在汽车研发初期使用。由于风洞具有均匀的气流、可重复和稳定的模型测试条件,可提供较为准确稳定的测试结果,风洞便成了较为方便和经济的测试设备。

为何需要对风洞数据进行对标? 首先,由于风洞设计、构造的不同,风洞测试结果存在着系统误差,即使同一汽车在不同风洞中也有着一定的差异。并且对于特定的车型,风洞中某个参数可能会对其测试结果有显著影响。这就需要进行风洞对标确定误差的大小,确定风洞测试结果的有效范围,并且预先对测试结果影响较大的因素进行排除。其次,在各个风洞的实际运行过程中,测试方法和修正方法等会有所不同,对原始数据的处理存在着差异,如何减小测试方法差异造成的影响,改进现有测试技术同样是风洞对标的内容。最后,在保证足够精度的前提下,可以对不同风洞之间测试数据进行差异、相关性分析,形成风洞数据库,从而进行数据交流,实现测试数据的相互转换,扩大数据适用范围,提高风洞测试结果的使用效率。

对于风洞试验人员来说,风洞相关性研究能够摸清风洞设备的性能和不足,研发、提高风洞试验技术,开发新的风洞测试能力。对于汽车研发人员来说,风洞对标在于知晓风洞测试的有效范围,辅助试验结果分析。同时根据自身研发车型的特点和已知的对标结果,选择合适的风洞进行试验,并对可能造成误差的影响予以事先排除。此外,可以根据已有风洞对标数据库,与其他风洞测试过的类似车型进行横向比较,缩减研发成本,提高研发效率。

5.2　风洞对标方法

5.2.1　对标参数

对标参数包括风洞测试环境参数(包括风洞类型、喷口尺寸、测试段长度、阻塞度、气流偏角、湍流度、静压梯度、边界层厚度等)以及风洞测试结果参数(包括阻力、升力、侧向力、横摆力矩、侧倾力矩、压力分布等)。通常来说,风洞设计、建造、落成、调试、投入使用后,风洞测试环境参数作为某一座风洞的固有属性,基本保持稳定,如无重大优化或改型,风洞环境参数基本不会发生较大变化。因此,对标参数多关注于风洞测试过程中测试车辆(或者模型)的阻力、阻力系数、升力、横摆力矩等参数,通过对参数之间的对比分析进行风洞的对标与相关性分析。风洞测试环境参数则多用于对标结果之间差异的进一步分析。

5.2.2　对标试验设计

1) 对标模型配置

对标模型可选择各种类型的实车或者模型(标准模型、油泥模型等)。风洞对标模型的选择至关重要,正确的模型选择对对标结果起着决定性影响。根据不同的风洞对标目的,需要合理地选取不同类型、不同精度的对标实车或者对标模型。例如,从风洞研究方面考虑,风洞对标模型应选择广泛应用的标准模型(如 Mira 模型、DrivAer 模型等),此类标准模型数据资料面向大众,完全共享,多用于 CFD 研究与风洞对标与标定。不同风洞可根据需要自行制作对标模型,如图 5.1 所示为 CAERI Aero 模型。该模型可用于风洞前期的调试和运行过程中的测试校准,如果用于对标则可减小风洞对标之间由车辆差别引起的测试结果差异。而从气动性能开发方面考虑,风洞对标模型则可根据各自研究需要使用开发阶段模型或者量产车辆。

图 5.1　CAERI Aero 模型

相关性测试参考车辆可以选择能进行道路测试的实际车辆,并且应该是量产车中具有代表性的车辆,还应该设计足够多的车型和配置,从而增加对标样本数量,使测试结果尽可能地具有代表性。汽车配置可以根据研究目的的不同而有多种搭配方式,从而达到不同的试验效果。例如:

(1)研究风洞中尾流对其测试结果的影响或者不同尾部造型空气动力学性能的影响

其基本外形可以为三厢车外形,可选择多种尾部配置,这些配置可以代表目前道路上多数乘用车外形(如半掀背车、掀背车、半旅行车、旅行车),具体如图 5.2 所示。

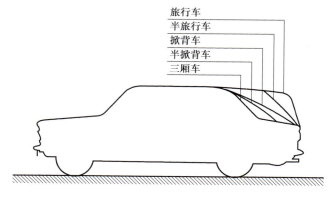

图 5.2　三厢车外形参考车的 5 种尾部配置侧视图

（2）研究不同车辆模型配置对风洞试验结果的影响及其限制

其基本外形可以为三厢车外形，可选取多种底部，前扰流器、后扰流器配置，如图 5.3 所示。此外也可以选取轿车、SUV、皮卡、MVP 等不同车型进行横向对比。由于不同车型空气动力学参数（如 C_D 值）分布范围差异较大，可以进行修正方法的研究及其优化。

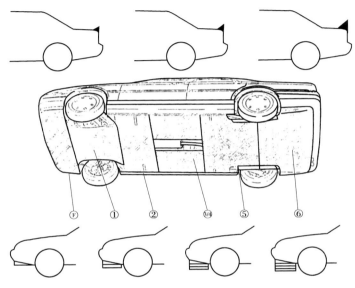

图 5.3　不同底部，前扰流器、后扰流器配置

还可以在基本车辆外形上增加扰流板、气坝等附加部件，如图 5.4 所示。这些

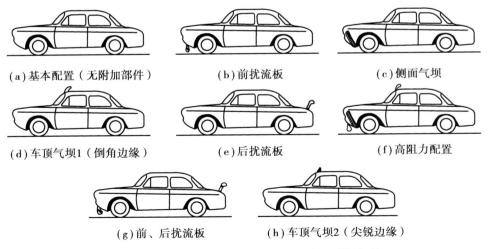

（a）基本配置（无附加部件）　　（b）前扰流板　　　　　（c）侧面气坝

（d）车顶气坝1（倒角边缘）　　（e）后扰流板　　　　　（f）高阻力配置

（g）前、后扰流板　　　（h）车顶气坝2（尖锐边缘）

图 5.4　三厢车外形参考车辆基本配置以及附加部件

车辆配置能够突出不同风洞间的气流特性差异,如射流尺寸、风速分布、气流偏角、湍流强度等,或以量产的两厢车外形为基本配置作为参考车辆,如图 5.5 所示。

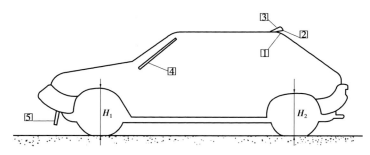

配置	后扰流板	气坝 [5]	A柱扰流板 [4]	离地高度	
				H_1	H_2
(a)	[1]	OFF	OFF	610	570
(b)	[1]	ON	OFF	610	570
(c)	[3]	ON	OFF	610	570
(d)	[3]	OFF	OFF	610	570
(e)	[2]	OFF	OFF	610	570
(f)	[1]	OFF	ON	610	570
(g)	[1]	OFF	OFF	675	570

图 5.5　两厢车外形参考车辆配置

2) 对标工况设定

在选择合适的对标模型基础上,应尽量丰富对标测试工况,进一步增加对标样本数量,便于对标分析,相关性分析以及误差分析。

基本对标工况应尽量包括以下测试工况:

①基本状态测量。

②雷诺数扫略(60~160 km/h,步长自定,视具体测试车型而定,可降低最高风速)。

③横摆角扫略(-25°~25°,步长自定,如货车、卡车等测量,视安全性考虑,可减小最大偏角)。

在此基础上,出于研究、对标的需要还可以增加五带系统效果、抽吸系统效果(开闭)、格栅开口阻力、轮毂开口阻力、后视镜阻力、车身姿态变化影响、车身表面压力测量等工况,见表5.1。

表 5.1　对标测试工况表示例

序号	工况名称	$\psi/(°)$		$V/(\text{km}\cdot\text{h}^{-1})$		$RRS/(\text{km}\cdot\text{h}^{-1})$		$WRU/(\text{km}\cdot\text{h}^{-1})$	
		范围	步长	范围	步长	范围	步长	范围	步长
1	基本状态测量	0	—	120	—	120	—	120	—
2	雷诺数扫略	0	—	60~160	自定	60~160	自定	60~160	自定
3	横摆角扫略	−25~25	自定	120	—	120	—	120	—
4	格栅开口阻力	0	—	120	—	120	—	120	—
5	轮毂开口阻力	0	—	120	—	120	—	120	—
6	后视镜阻力	0	—	120	—	120	—	120	—
7	五带系统效果	0	—	120	—	0	—	0	—
8	抽吸系统效果（开闭）	0	—	120	—	120	—	120	—
9	车身姿态变化影响	0	—	120	—	120	—	210	—
10	车身表面压力测量	0	—	120	—	120	—	120	—

其余情况略。

5.2.3　对标分析方法

对标方法主要在于分析,具体如下所述。

①气动系数的绝对值。

②测试过程中模型状态、工况变化后的差值(贡献量)。

③不同风洞之间的测试数据相关性函数拟合关系。

气动系数绝对值的对标通过数值的比较分析,可以较为直观、清楚地得到不同风洞试验之间、风洞与仿真分析之间、风洞与道路测试之间测量值的差别,评估同一车型在相同配置情况下不同风洞对标的一致性。但由于风洞设计、制造、设备安装调试、仿真模拟状态、道路测试环境之间的差异,即使是同一模型在同一测试状态下,也难以获得较为一致的测试结果,见表5.2。此外,在新车型开发、理论研究、造型改进的过程中,研发者更加关注测试状态改变时的差值(贡献量)在变化趋势、变化量方面的一致性,因此在风洞对标过程中,往往更加关注贡献量的变化,如图5.6所示。

表 5.2　风洞对标——C_D 结果绝对值差异

某轿车试验工况(120 km/h)				某 SUV 试验工况(120 km/h)			
工况描述	WT1	WT2	WT3	工况描述	WT1	WT2	WT3
Case 1	0.299	0.312	0.306	Case 1	0.376	0.387	0.382
Case 2	0.270	0.282	0.283	Case 2	0.353	0.369	0.361
Case 3	0.285	0.300	0.295	Case 3	0.352	0.364	0.360
Case 4	0.288	0.302	0.297	Case 4	0.357	0.369	0.365
Case 5	0.298	0.312	0.305	Case 5	0.372	0.383	0.379
Case 6	0.307	0.319	0.319	Case 6	0.373	0.385	0.379
Case 7	0.287	0.298	0.292	Case 7	0.377	0.391	0.383
Case 8	0.288	0.302	0.295	Case 8	0.363	0.380	0.373
Case 9	0.307	0.320	0.315	Case 9	0.366	0.375	0.373
—	—	—	—	Case 10	0.371	0.381	0.377
—	—	—	—	Case 11	0.382	0.394	0.391

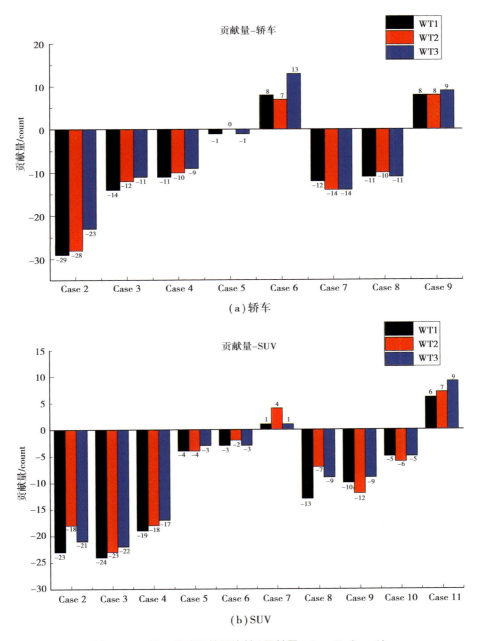

图 5.6 不同工况减阻效果比较(贡献量＝Case X－Case 1)

通过某轿车、SUV 在两座风洞之间的对比结果可以看出,即使在同一车型、同一工况下,风洞之间仍然存在着一定的差异。而在不同工况减阻效果对比过程中,不同风洞中之间变化趋势一致,变化量(工况贡献量)大致相等。这表明,在车型开发和造型改进的研究中,不同风洞测试之间会产生相似的变化结果,结果变化量具有可比性,不同风洞中得到的优化结果具有一致性和可比性。

5.2.4 对标相关性分析

确定风洞对标变化量结果具有一致性、可比性之后,可以进一步进行风洞对标数据相关性分析,输出风洞间相关性方程式,通过量化指标评估风洞间的相关性,形成风洞对标测试数据库。

如美国三大汽车厂商通用、福特和克莱斯勒所进行的相关性测试,尽管 3 座风洞之间存在着较大的差异,但通过对一系列相似车型测试数据的比较,可以得到 3 座风洞之间的相关定量方程式。并且通过风洞与风洞之间的相关性函数关系式,不同风洞之间的测试数据可以相互转换、相互比较,如图 5.7 所示。

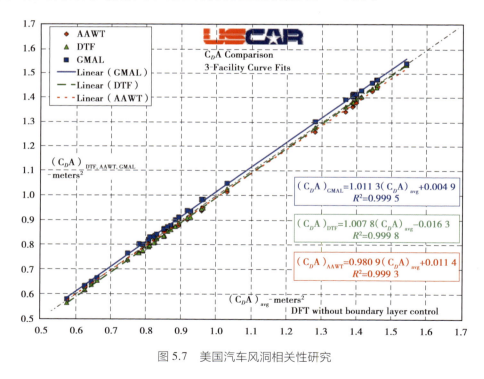

图 5.7 美国汽车风洞相关性研究

通过各种风洞中的数据与风洞平均值的拟合,得出了定量方程式以及回归系数。由此可知,不同风洞间存在着相关关系,并且可以进行定量分析。因此可以规范和标准化风洞测试流程,扩大各风洞的对标车数据库而不增加额外的成本,不仅扩展了风洞数据的适用范围,还提高了风洞的使用效率。

5.3 风洞对标误差分析

风洞对标结果具有可比性,能在输出相关性方程式的基础上,对对标测试结果进行进一步的误差分析。以常见风阻系数 C_D 的差异分析为例,根据表 5.2 的部分测试数据,从 C_D 的计算式[式(2.1)]入手,可进行以下分析,见表 5.3。

表 5.3　风洞对标差异分析

车型	工况描述	C_D-WT1	C_D-WT2
轿车	Case 1	0.299	0.312
	Case 2	0.270	0.284
	Case 3	0.285	0.300
	Case 7	0.287	0.298
	Case 9	0.307	0.320
SUV	Case 1	0.376	0.387
	Case 3	0.352	0.364
	Case 5	0.372	0.383
	Case 7	0.377	0.391
	Case 8	0.363	0.380

5.3.1 正投影面积影响

根据风阻系数 C_D 的计算式,影响结果的因素有天平轴向测力 F_x、空气密度 ρ、测试风速 v 以及车辆正投影面积 A。4 个因素中正投影面积由不同的测试方法得到(二维激光投射法、三维扫描法等),与其他 3 个因素之间不相关,可通过替换不同正投影面积测量方法得到的数值来比较不同测量方法对 C_D 值的影响,分析正投影面积测试差异对对标测试结果的影响。以上述轿车和 SUV 为例,二维激光投射法和三维扫描法测试结果如图 5.8 所示。图中从左至右分别为二维激光投射法和三维扫描法,上排为轿车,下排为 SUV。

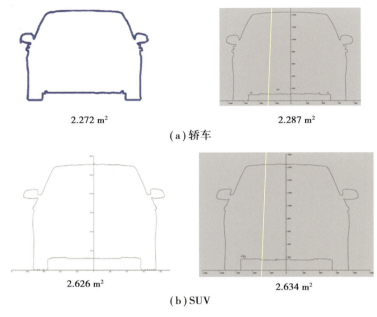

（a）轿车

（b）SUV

图 5.8　正投影测量方法对比

　　表 5.3 中，WT2 采用二维激光投射法，WT1 采用三维扫描法。在 WT2 中，轿车正投影面积测试结果为 2.272 m²，SUV 正投影面积测试结果为 2.626 m²。在 WT1 中，轿车正投影面积测试结果为 2.287 m²，SUV 正投影面积测试结果为 2.634 m²。以 WT2 中 C_D 测试值为参考值，将 WT2 正投影面积替换为 WT1 的正投影面积再重新计算 C_D 值，可得到表 5.4 的结果。

表 5.4　正投影面积变化对 C_D 的影响

序号	C_D-WT2	$^*C_D$-WT2	$^*\Delta C_D$
1	0.312	0.310	0.002
2	0.284	0.282	0.002
3	0.300	0.298	0.002
4	0.298	0.296	0.002
5	0.320	0.318	0.002
6	0.387	0.386	0.001

续表

序号	C_D-WT2	$^*C_D$-WT2	$^*\Delta C_D$
7	0.364	0.363	0.001
8	0.383	0.382	0.001
9	0.391	0.390	0.001
10	0.380	0.379	0.001

注：$^*C_D$-WT2 为用 WT1 替换 WT2 正投影面积后的 C_D 值；$^*\Delta C_D=(C_D\text{-WT2})-(^*C_D\text{-WT2})$。

通过对比，WT1 与 WT2 之间正投影面积测量差异造成的影响，折算成 C_D 不超过 2 个 counts。正投影面积测量差异并不是 WT1，WT2 之间 C_D 测量差异的主要来源。

5.3.2　五带系统影响

在现代汽车风洞中，五带系统为重要的道路移动模拟设备。本案例分析过程中的风洞均配备五带系统对车辆底部边界层进行消除与处理，但风洞之间的边界层厚度往往不同，五带系统的效果可能存在差异。以 WT1 与 WT2 为例，开启与关闭五带系统的效果比较见表 5.5。

表 5.5　五带系统比较

风阻系数 工况	$^*C_D$-WT1	$^*C_D$-WT2	C_D-WT1	C_D-WT2	δWT1	δWT2
Case 1	0.377	0.366	0.369	0.354	0.008	0.012
Case 2	0.369	0.365	0.364	0.353	0.005	0.012
Case 3	0.378	0.369	0.369	0.359	0.009	0.010
Case 4	0.390	0.383	0.383	0.374	0.007	0.009
Case 5	0.391	0.384	0.385	0.374	0.006	0.010
Case 6	0.394	0.388	0.391	0.380	0.003	0.008
Case 7	0.394	0.389	0.387	0.378	0.007	0.011
Case 8	0.291	0.280	0.284	0.270	0.007	0.010

续表

风阻系数\工况	$^*C_D$-WT1	$^*C_D$-WT2	C_D-WT1	C_D-WT2	δWT1	δWT2
Case 9	0.307	0.300	0.300	0.284	0.007	0.016
Case 10	0.310	0.298	0.302	0.287	0.008	0.011
Case 11	0.319	0.310	0.312	0.299	0.007	0.011

注:$^*C_D$ 为未开五带系统;δ 为 $^*C_D - C_D$。

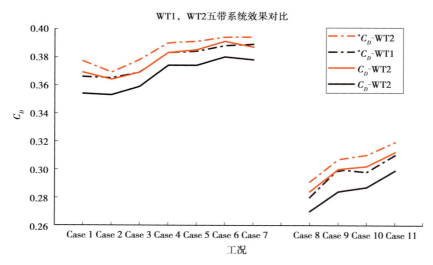

图 5.9　不同测试工况的五带系统效果比较(左:SUV;右:轿车)

注:$^*C_D$ 为未开五带系统效果

　　通过比较,轿车中 WT2 开启与关闭五带系统 C_D 变化值平均为 6 个 counts,而 WT1 的 C_D 变化值平均为 10 个 counts,SUV 中 WT2 开启与关闭五带系统 C_D 变化值平均为 7 个 counts,而 WT1 的 C_D 变化值平均为 12 个 counts。同一工况下,开启五带系统后 WT1 风洞中 C_D 值变化更加明显。五带系统的开启与否直接影响天平测力结果,五带系统效果的差异为 WT1 与 WT2 风洞测试结果差异的一个重要原因。

　　除上述几种风洞对标误差影响因素之外,风洞轴向静压梯度,抽吸系统等也是造成对标结果差异的重要原因。由于不同风洞之间喷口面积、收集口面积、试验段长度等因素的不同,风洞中轴向静压梯度往往有着较大的差异,从而影响风洞对标结果。接近收集口位置的静压梯度通常差异较大,某些车身较长的测试车辆更易受到静压梯度的影响。抽吸系统作为另一个重要的道路模拟设备,抽吸方式、抽吸控制方法也是影响对标结果的重要因素。可以进行进一步的分析与研究。

参考文献

[1] CARR G W. Correlation of Aerodynamic Force Measurements in Mira and other Automotive Wind Tunnels[J]. SAE Technical Paper 820374,1982.

[2] GOOD G M L, HOWELL J P, PASSMORE M A, et al. A Comparison of On—Road Aerodynamic Drag Measurements with Wind Tunnel Data from Pininfarina and MIRA[J]. SAE Technical Paper 980394,1998.

[3] BUCHHEIM R, UNGER R, CARR G W, et al. Comparison Tests Between Major European Automotive Wind Tunnels[J]. SAE Technical Paper 800140,1980.

[4] COSTELLI A, BUCHHEIM R, COGOTTI A, et al. FIAT Research Center Reference Car: Correlation Tests Between Four Full Scale European Wind Tunnels and Road[J]. SAE Technical Paper 810187,1981.

[5] TORTOSA N, MEINERT F W, SCHENKEL F K M, et al. A Correlation Study between the Full Scale Wind Tunnels of Chrysler, Ford, and General Motors[J]. SAE Technical Paper 2008-01-1205,2008.

2)气流参数

a.风速矢量($\overrightarrow{U}_{\text{W}}$):在假设的 $x\text{-}y$ 平面上,与 x 轴成 θ 角且大小为 U_{W} 的风速矢量。

b.迎风角度(θ):风速矢量($\overrightarrow{U}_{\text{W}}$)与 x 轴之间的角度(附录图 A.2),车身左侧为正。

c.自由流速度(U_∞):相对于车辆速度矢量的风速矢量,其计算式为:

$$U_\infty = |\overrightarrow{U}_{\text{W}} - \overrightarrow{U}| \tag{A.1}$$

d.动压(q_∞):

$$q_\infty = \frac{1}{2} \cdot \rho \cdot U_\infty^2 \tag{A.2}$$

在风洞运用中,动压应在空风洞条件下进行标定。在高速条件下(如赛车),应考虑空气的可压缩性对动压和速度进行修正。

e.空气密度(ρ):标准条件下,$\rho = 1.225$ kg/m^3。

f.空气黏度(μ):标准条件下,$\mu = 1.789\,4\times10^{-5}$ N·s/m^2。

g.标准条件:温度 15 ℃ 和大气压强 101.325 kPa 的干燥空气。

标准条件的选择对应 NASA,NOAA 和 USAF 采用的美国标准大气压强在海平面上的认可值;非标准状态下干空气的密度和黏度,可按式(A.3)和式(A.4)计算:

注:气流参数符号和定义的选择都与空气动力学术语一致。其中包括了等效全尺寸速度(U_{EQ})以提供使缩比模型气流条件与全尺寸相关联的简单方法。

$$\rho = 1.225 \times \frac{288.15}{273.15 + T} \times \frac{p}{101.325} \text{ kg/m}^3 \tag{A.3}$$

$$\mu = (1.7203 + 0.004\,60 \cdot T) \times 10^{-5} \text{ N·s/m}^3 \tag{A.4}$$

式中　　T——空气温度,℃;

　　　　p——大气压强,kPa。

在式(A.4)中,T 的范围为 0~60 ℃。在相对湿度高的测试环境中,计算潮湿空气的密度时应考虑空气密度是温度、压强和相对湿度(与空气密度之间的关系)的函数。

h.边界层厚度(δ):局部速度 $u(z)$ 达到自由流速度 U_∞ 的 99% 处表面上方的高度。

i.边界层位移厚度(δ^*):

$$\delta^* = \int_0^\infty \left(1 - \frac{u(z)}{U_\infty}\right) \mathrm{d}z \tag{A.5}$$

j.边界层动量厚度(Θ)：

$$\Theta = \int_0^\infty \frac{u(z)}{U_\infty} \cdot \left(1 - \frac{u(z)}{U_\infty}\right) \mathrm{d}z \tag{A.6}$$

k.局部静压(p)。

l.自由流静压(p_∞)。

m.压力系数(C_P)：

$$C_\mathrm{P} = \frac{p - p_\infty}{q_\infty} \tag{A.7}$$

n.雷诺数(Re)：

$$Re = \rho \cdot U_\infty \cdot \frac{\mathrm{WB}}{\mu} \tag{A.8}$$

单位长度上的雷诺数(Re/l)：

$$\frac{Re}{l} = \rho \cdot \frac{U_\infty}{\mu} \tag{A.9}$$

o.当量速度(U_EQ)：

$$U_\mathrm{EQ} = U_\infty \cdot \sigma \tag{A.10}$$

3) 力和力矩

气动力和气动力矩优先使用的符号(附录图 A.1)如下：

a.阻力(D)：作用在 x 轴方向的气动力，正方向向后($F_x = D$)。

b.升力(L)：作用在 z 轴方向的气动力，正方向向上($F_z = L$)。

c.侧向力(S)：作用在 y 轴方向的气动力，正方向向右($F_y = S$)。

d.俯仰力矩(PM)：绕 y 轴的气动力矩，车头向上为正方向($M_y = \mathrm{PM}$)。

e.横摆力矩(YM)：绕 z 轴的气动力矩，车头向右为正方向($M_z = -\mathrm{YM}$)。

f.侧倾力矩(RM)：绕 x 轴的气动力矩，右侧向下为正方向($M_x = -\mathrm{RM}$)。

g.前轴升力(LF)：作用在车辆前轴的气动升力分量。

$$\mathrm{LF} = \frac{L}{2} + \frac{\mathrm{PM}}{\mathrm{WB}} \tag{A.11}$$

h.后轴升力(LR)：作用在车辆后轴的气动升力分量。

$$\mathrm{LR} = \frac{L}{2} - \frac{\mathrm{PM}}{\mathrm{WB}} \tag{A.12}$$

i.前轴侧向力(SF)：作用在车辆前轴的气动侧向力分量。

$$SF = \frac{S}{2} + \frac{YM}{WB} \qquad (A.13)$$

j.后轴侧向力(SR):作用在车辆后轴的气动侧向力分量。

$$SR = \frac{S}{2} - \frac{YM}{WB} \qquad (A.14)$$

4)力和力矩系数①

无量纲气动系数用上标大写字母 C 表示,同时通过大写字母角标定义不同的力和力矩分量:

a.阻力系数(C_D):

$$C_D = \frac{D}{q_\infty \cdot A} \qquad (A.15)$$

b.升力系数(C_L):

$$C_L = \frac{L}{q_\infty \cdot A} \qquad (A.16)$$

c.侧向力系数(C_S):

$$C_S = \frac{S}{q_\infty \cdot A} \qquad (A.17)$$

d.俯仰力矩系数(C_{PM}):

$$C_{PM} = \frac{PM}{q_\infty \cdot A \cdot WB} \qquad (A.18)$$

e.横摆力矩系数(C_{YM}):

$$C_{YM} = \frac{YM}{q_\infty \cdot A \cdot WB} \qquad (A.19)$$

f.侧倾力矩系数(C_{RM}):

$$C_{RM} = \frac{RM}{q_\infty \cdot A \cdot WB} \qquad (A.20)$$

g.前轴升力系数(C_{LF}):

$$C_{LF} = \frac{C_L}{2} + C_{PM} \qquad (A.21)$$

h.后轴升力系数(C_{LR}):

---

① 气动力和气动力矩分量(阻力、升力、侧向力、俯仰力矩、横摆力矩和侧倾力矩)的主要术语都源于航空学。气动阻力和气动升力的符号(D 和 L)同样也是来自航空学。为了与气动阻力和气动升力的符号保持一致,同时也为了便于记忆,其他分量的符号(S,PM,YM 和 RM)也都基于航空学的符号进行定义。

$$C_{LR} = \frac{C_L}{2} - C_{PM} \qquad (A.22)$$

i.前轴侧向力系数(C_{SF}):

$$C_{SF} = \frac{C_S}{2} + C_{YM} \qquad (A.23)$$

j.后轴侧向力系数(C_{SR}):

$$C_{SR} = \frac{C_S}{2} - C_{YM} \qquad (A.24)$$

5) 横摆加权阻力系数

横摆加权阻力系数($\overline{C_D}$)是特定的环境风输入条件下的平均气动阻力,并用车辆行驶速度代替自由流速度来进行规范。其计算方法见式(A.25)所示(参考 SAE J1252):

$$\overline{C_D} = \frac{\overline{D}(C_D, V, V_W, V, \theta, \psi)}{\frac{1}{2} \cdot \rho \cdot U^2 \cdot A} \qquad (A.25)$$

6) 风噪性能测试

a.风洞背景噪声:风洞在无测量对象的情况下运转产生的噪声,提及风洞背景噪声需指明试验风速。

b.自由声场空间:所需考虑的频率范围内边界声反射可以忽略不计的试验段声场大小。

c.低频颤振:喷口射流和风洞结构相互作用所引起的一种声场共振现象,会严重影响试验段的流场和声场品质。

d.风噪:气动噪声在工程领域的简称,是空气与目标对象相对运动,造成气体非定常流动产生的噪声。

e.车内风噪:车内噪声中气动噪声部分,即由汽车外部气流与车体相互作用产生、通过车体辐射和泄漏入车内的噪声。

f.密封系统传递噪声:车外气动噪声通过车身密封系统传入车内,引起车内气动噪声的增量部分。

g.频谱:频率谱密度的简称,是物理量的频率分布曲线。复杂振荡分解为振幅不同和频率不同的谐振荡,这些谐振荡的幅值按频率排列的图形称为频谱。

h.线谱:由一系列离散频率成分形成的谱。

i.1/n 倍倍频程谱:即 1/n 倍频程功率谱,通过将离散频谱分为各自独立的频段,然后分别计算每个频段内的功率谱后汇总得到。其中 $1/n$ 倍频程是指前后两个中心频率之比为 $\dfrac{1}{2^{\frac{1}{n}}}$,以 $oc=2^{\frac{1}{2n}}$ 为系数,在基准中心频率 f_0 的前后各取带宽 $L=f_0\times oc$,分段计算功率谱后合并得到的谱。

j.声压级:声压与参考声压之比以 10 为底的对数乘以 20,单位为分贝(dB),空气中的参考声压为 20 μPa。

k.响度:一种心理声学参数指标,表示听觉判断声音强弱的属性,根据它可以把声音排成由轻到响的序列,单位为宋(Sone)。

l.语言清晰度指数:在给定的语言通道和噪声条件下,语言可懂程度的有效比例即为语音清晰度 AI。它是一种心理声学参数指标,是通过大量语音清晰度测试导出的,具有频带可加性,是用来计算给定语言传递系统的语言可懂度的一个指数,取值为 0~1。

m.原始状态:车辆排除非设计问题引起异响后,未经额外密封处理的状态,此状态在风洞测量得到的车内噪声能够代表车辆的正常风噪水平。

n.考察状态:作为目标进行考察的车辆测量状态,又称为目标状态。

o.基准状态:与考察状态进行比较,获得风噪相对贡献量的车辆测量状态,又称为参考状态。

参考文献

[1] 汽车整车气动—声学风洞风噪试验——车内风噪测量方法:CSAE 113—2019[S].2019.
[2] 汽车整车气动声学风洞风噪试验——泄漏噪声测量方法:T/CSAE 147—2020[S].2020.

附录 B　常用的车内座椅测试位置

前排座椅位置:将前排座椅调整到前后的中间位置,座椅靠背的角度及坐垫的高度也调节到中间位置。如前排头枕高度可调,高度可调整至其中心和测点同高,如头枕支持前后调节,则前后调整至最后位置。如前排座椅支持腰部支撑调节,应将腰部支撑调节至最后位置,即椅面最凹。

第二排座椅位置:一般轿车的第二排座椅可调节项较少,如头枕可调节,应调至不妨碍人工头的安装为好。对 SUV 和 MPV 车型等第二排座椅支持前后调节的车辆,将座椅前后位置调节至中间位置。对第二排座椅支持横向调节的车辆,将座椅调整至最外侧即最靠近侧门。对第二排座椅椅背角度可调的车辆,椅背与水平面的夹角应调节至114°,如无法达到114°,则尽量接近此角度。对第二排座椅头枕高度可调的车辆,高度调整至其中心与测点同高,如头枕支持前后调节,则前后调整至最后位置。对第二排座椅支持腰部支撑调节,应将腰部支撑调节至最后位置,即椅面最凹。

　　第三排座椅位置:对第三排座椅支持前后调节的车辆,将座椅前后位置调节至最后位置。对第三排座椅椅背角度可调的车辆,椅背与水平面的夹角应调节至114°,如无法达到114°,则尽量接近此角度。对第三排座椅头枕高度可调的车辆,高度调整至其中心与测点同高。